В
ВЕД

Книга *“Веди вертикально”* зачіпає саму суть лідерства: інші перш за все, люди перш за все, місія перш за все, Бог перш за все. Крейг блискуче розкриває процес побудови стосунків з людьми як шлях до створення ефективної команди та ключ до динамічного служіння. Книга переконлива, глибока і багата на ідеї, готові до втілення.

Білл Баумгарт
Президент і головний виконавчий директор KIDMO

Крейг Джонсон знає, як вести за собою! Я на власні очі бачив вплив його філософії в церкві Лейквуд, де він створює культуру цілеспрямованих сімей, пристрасних волонтерів та ефективного персоналу. Я заохочую кожного лідера надихатися його баченням та вчитися на його досвіді.

Курт Брунер
Виконавчий Директор, Інноваційного альянсу «Міцні сім›ї», автор книги “Все починається вдома”

Я дуже рада, що книга «Веди Вертикально» потрапила до ваших рук. Крейг - винятковий лідер, і він розуміє, що найкращий спосіб будувати своє життя - допомагати будувати життя інших. Ця книга надихне вас мріяти, вести за собою з Божої перспективи та забезпечить інструментами для цього.

Крістін Кейн
Автор книги *“Перестань вдавати з себе Християнина, просто будь ним”*

Я бачила, як Крейг Джонсон веде, і можу чесно сказати, що він живе саме так, як написав! Я захоплююсь його рівнем смирення, мудрості та креативності в керівництві командою. Прочитавши цю книгу, ви дізнаєтеся, як по-справжньому надихати людей у вашій церкві на волонтерство в довгостроковій перспективі.

Емі Долан
Лідер дитячого служіння та засновник Lemon Lime Kids

Лідерство Крейга Джонсона щодня впливає на церкву Лейквуд через команди, які він створив, персонал, яким він керує і зростання, яке він приніс. Перевірені принципи, викладені Крейгом у книзі «Лідерство по вертикалі», допоможуть вам поглянути на лідерство на абсолютно новому рівні. У цій книзі ви знайдете надію, заохочення, добрі історії та практичні поради, а також натхнення, яке допоможе вам розширити власне бачення лідерства з Божої точки зору!

Доктор Пол Остін

Заступник пастора, церква Лейквуд, Х›юстон, штат Техас

Якщо ви перебуваєте в очікуванні, коли Бог призначить вас на роль лідера, відкладіть все, що ви читаєте, і прочитайте цю книгу! Крейг майстерно розкрив основи християнського лідерства, заклавши фундамент того, що потрібно для того, щоб бути великим лідером в очах Бога. Великі лідери - вертикальні лідери - це ті, хто розуміє своє становище у Христі і через Його керівництво смиренно допомагає іншим робити те ж саме. Не гайте ні хвилини... візьміть на озброєння принципи, викладені в цій книзі, застосовуйте їх на практиці і дозвольте Богові вести ваше лідерство туди, куди ви навіть не могли собі уявити.

Майк Джонсон

Виконавчий продюсер програми *Elevate* та *Elevate Family Curriculum*
Заступник пастора, церква Лейквуд, Х'юстон, штат Техас

Крейг Джонсон має унікальну кваліфікацію, щоб писати про вертикальне лідерство з однієї головної причини: він прожив своє життя і керував іншими з перспективи небес. Зараз це потрібно більше, ніж будь-коли. У часи економічних негараздів і глобальних небезпек, коли багато експертів говорять про «повільне і болісне відновлення» і переосмислюють успіх як «занижені очікування», Крейг нагадує нам, що найважливіше питання, яке ми повинні ставити, - це «Як Бог бачить мене і мою ситуацію?». Як його пастор і друг, я був безпосереднім свідком того, як Бог використовує Крейга, щоб підбадьорювати і надихати лідерів, віруючих, які починають духовно зростати, відкинути обмеження і виконати своє божественне призначення. Я вірю, що через цю книгу Він зробить те ж саме для вас.

Доктор Джим Рів

Старший Пастор, Церква Спільноти Віри, Вест Ковіна, Каліфорнія

Крейг Джонсон - лідер, який надихає. Ті з нас, хто має честь працювати поруч з ним, можуть засвідчити його унікальну здатність мотивувати та надихати людей слідувати баченню, яке він формулює. Ця книга є чудовим інструментом для всіх, хто її прочитає. Ви знайдете в ній допомогу, необхідну для того, щоб стати кращим лідером.

Маркос Вітт

Композитор, співак та автор

Як ми, християнські лідери, відзначаємо успіх? Чи досягаємо ми успіху в програмуванні або виконанні великих списків справ? Чи отримуємо великі прибутки за будь-яку ціну? У книзі *"Вести Вертикально"* Крейг Джонсон переосмислює цінності та бачення лідера... зрештою, повертаючи все до правди про успіх, про те, що він означає, що для цього потрібно, і як втілити ці ідеї в життя через свою команду. Натхнення вам під час читання.

Дарлін Чех

Співачка і авторка пісень, спів-старший пастор, церква Hope Unlimited, Новий Південний Уельс, Австралія

ВЕДИ ВЕРТИКАЛЬНО

КРЕЙГ ДЖОНСОН

Опубліковано Champions Foundation www.championsclub.org Раніше опубліковано у видавництвах Regal Books та Baker Books
Надруковано у Сполучених Штатах Америки

Дякую Саманті, Корі, Кортні та Коннору, які є Божим шедевром, розміщеним у центрі мого життя. Я люблю вас. Продовжуйте Мріяти Великими Мріями!

ЗМІСТ

ПЕРЕДМОВА

Часто Бог вкладає в наші серця великі мрії, але потім бачить, що наші досягнення обмежені через наше обмежене мислення й низькі очікування. Для того, щоб подолати ці обмеження і перейти на наступний рівень життя, нам потрібен новий спосіб мислення, нова перспектива. Якщо ми хочемо ефективно жити й служити, то маємо керувати з Божої точки зору.

Це саме те, чого хотів Давид, коли молився: «На скелю, що вища від мене, мене попровадь" (Псалом 60:3). Про що просив Давид? Біблійний герой просив Бога дати йому нову перспективу, підняти його вище, щоб Давид міг бачити речі з Божої перспективи.

Цей підхід щодо лідерства та побудови команди на вищому рівні описує Крейг Джонсон у своїй новій книзі «Веди Вертикально». У ній він покаже вам, як співпрацювати з Богом, щоб підняти ваше служіння, бізнес і сім›ю вище, і дасть вам Божий погляд на те, як розвивати вашу організацію, як розширювати вашу команду і, найголовніше, як вкладати в людей на Божому шляху мрії, натхнення і надію.

Я на власному досвіді переконався, що принципи, описані Крейгом у книзі «Лідерство по вертикалі», працюють тут, у церкві Лейквуд. За кілька місяців до того, як ми переїхали в нове приміщення (колишній центр Compaq), Крейг зміг збільшити кількість волонтерів Kidslife з 300 до 1000. За вихідні, коли ми переїхали до нового будинку, наша спільнота зросла з 28 000 до більш ніж 38 000. Якби не досягнення Крейга та команди, яку він зібрав за кілька місяців до переїзду, Лейквуд не був би готовий прийняти ще 1,500 дітей, які того дня заповнили приміщення «Kidslife». Сьогодні Kidslife продовжує служити більш ніж 4 000 дітей щотижня, і це програма, якою я пишаюся. Зараз роль Крейга розширилася, і він, як директор служіння Лейквуда, створив кілька інших команд лідерів служіння, використовуючи принципи, описані в цій книзі.

Я тісно співпрацював з Крейгом протягом останніх кількох років і бачив, як його лідерство вивело сімейне служіння церкви Лейквуд на абсолютно новий рівень. Він є цінним членом нашого колективу і добрим другом. Ми обидва згодні з тим, що якщо ви керуєте по вертикалі, Бог підніме ваше життя і ваше служіння на абсолютно новий рівень.

Джоел Остін
Пастор, церкви Лейквуд

ВСТУП

Емілі мріяла служити офіцером поліції, як і її батько. В дитинстві дівчинка грала з двома братами в поліцейських і грабіжників, але завжди опинялася в ролі грабіжника, бо не могла перелізти через стіну на смузі перешкод, яку вони побудували.

Батько взяв їх із собою в поліцейську академію і сказав, що стіна - це остання перешкода, яку повинен подолати новий офіцер. Вони побудували вдома міні-містечко з перешкодами, і брати Емілі вирішили, що той, хто зможе подолати стіну, стане поліцейським, а той, хто не зможе - грабіжником. Дівчинка пробігала по шинах, перестрибувала через калюжі бруду, проповзала по пластиковій трубі, але навіть у гарний день їй вдавалося подолати лише три чверті шляху по стіні. Вона падала на землю разом зі своїми братами, кричачи: «Ти знову грабіжник... знову». Рік за роком Емілі безуспішно намагалася піднятися на стіну - ніколи не була поліцейським, завжди грабіжником.

Поступово ці невдачі стали способом її мислення. Дівчинка почала відчувати себе невдахою, а не чемпіонкою. Після закінчення школи, коли батько порадив їй подавати документи в поліцейську академію, дівчина хвилювалася. Академічний тест був би для неї легким, але Емілі боялася смуги перешкод. До курсантів були прикріплені два інструктори, які готували їх до фізичного тесту. Один з них наполегливо працював з Емілі, щоб допомогти їй відповідати стандартам, встановленим її батьком і братами. Інший інструктор не говорив багато, але стежив за кожним і за потреби підбадьорював.

У день її першої спроби перший інструктор вилаяв Емілі, сказавши: «Я чув, що ти не можеш перелізти через стіну. Чому б тобі просто не піти додому?» У глибині душі вона знала, що інструктор мав рацію. Її ставлення визначило її дії, і дівчина сильно вдарилася об землю, не зумівши подолати стіну. Коли перший інструктор з огидою відвернувся, другий спробував зупинити Емілі, щоб вона не здавалася: «Куди ти йдеш, новобранець?»

“З мене досить”, - сказала вона. “Я ніколи не буду копом, тільки грабіжником”. “Хто тобі це сказав?” - запитав інструктор. “Це довга історія”, - відповіла Емілі. “Я йду.” “Зачекай хвилинку, ось що я хочу, щоб ти зробила», - сказав він. «Я хочу, щоб ти закрила очі й уявила, що допомагаєш комусь іншому залізти на стіну».

"Що? Хіба ти не хочеш, щоб я уявила, як я лізу на стіну?" здивувалася Емілі.

"Ні, - сказав він, - мені потрібно, щоб ти стояла біля підніжжя стіни, дивилася вгору і вболівала за когось іншого. Ваша боротьба стосується не лише вас, а й усіх новобранців, яких ви надихнете своєю історією подолання цієї стіни... і ви подолаєте цю стіну!», - твердо сказав він.

"Але ж я ще не вилізла на стіну, як я можу допомогти комусь іншому?" "Коли ти почнеш навчати інших, Бог навчить тебе", - відповів він. Емілі познайомилася з Еллен того ж дня, коли вона вирішила покинути академію. Еллен також вважала стіну нездоланною перешкодою. З дитячим духом і волею воїна Емілі перестала зосереджуватися на собі і почала допомагати Еллен, даючи їй заохочення, необхідне для того, щоб нарешті подолати цю перешкоду. Здійнявши руки, Еллен вигукнула: "Так, ми це зробили!"

"Ти маєш на увазі, що ти це зробила", - радісно сказала Емілі.

"Ні, ми це зробили, тепер твоя черга".

Вперше в житті Емілі повірила, що зможе подолати стіну. Вона молилася: «Боже, якщо Ти допоможеш мені піднятися на цю стіну, я буду намагатися завжди думати про інших, тому що якщо я буду так робити, я знаю, що Ти подбаєш про мене».

Емілі підбігла до стіни, схопила мотузку і разом з подругою по команді, яка підбадьорювала її, вибігла на стіну і перестрибнула через неї. Високо піднявши руки в захваті, вона засвоїла найважливіший урок лідерства: Зрощуючи інших, зрештою, зрощуєш себе.

Дитячий досвід Емілі сформував в ній ставлення до невдач: завжди бути грабіжником, але ніколи не бути поліцейським. Вона дозволяла іншим диктувати їй свій спосіб мислення. Ми всі стикаємося зі схожим викликом: чи дозволимо іншим визначати, хто ми є, чи будемо йти до мети, заради якої ми були створені? Якщо ви не знаєте, хто ви є, хтось скаже вам, ким, на його думку, ви повинні бути.

Змінити своє мислення - це виклик, але це одна з перших перешкод, з якою стикається більшість лідерів. Незалежно від того, служите ви в команді чи очолюєте її, ви приходите з установками, які можуть завадити вам стати людиною, якою вас хоче бачити Бог.

Вертикальні лідери дивляться на світ з іншої перспективи. Хоча вони використовують традиційні інструменти лідерства, їхнє головне завдання - бачити речі з Божої точки зору і допомагати іншим відкрити те, для чого вони були створені. Якщо ви коли-небудь хотіли допомогти своєму відділу служіння або організації процвітати, але ваше серце здулося, а розум заплутався, тоді ви готові бачити світ по-іншому. Ви готові стати вертикальним лідером. Чому? Тому що ви зараз знаходитесь в тому місці, де Бог може використати вас, тому що ваш відчай народжує Боже натхнення. Ви перестали дивитися на речі з точки зору інших і тепер бачите їх з Божої точки зору.

Я кажу своїм лідерам, що коли ви втрачаєте свій розум, ви повинні позичити Божий. Ми не шукаємо розуму керівництва, ми шукаємо Божий розум. Вертикальних лідерів мало цікавить, як інші бачать ситуацію, але їх хвилює, що про неї думає Бог. Щоб досягти успіху, потрібно мислити нестандартно і вірити, що неможливе стане можливим. Щоб стати вертикальним лідером, потрібно підняти очі вгору і мати Божий розум. Що сказав би в цій ситуації Бог? Як би Бог зростив цю людину? Як би Бог відреагував в цій ситуації?

Емілі очікувала, що інструктор скаже їй уявити, як вона перелазить через стіну. Натомість він сказав їй допомогти комусь іншому перелізти через стіну. Це була не рольова репетиція, а зміна мислення. Коли я зосереджуюсь на допомозі іншим, то допомагаю собі досягти початкової мети. Вертикальне мислення піднімає знизу вгору. Великі гори рухаються не тому, що це логічно, а тому, що хтось вирішив повірити. «Божі ідеї» не піддаються логіці і спонукають вас робити те, про що ніхто інший навіть не подумав би.

Нещодавно я почув історію про нашого пастора в церкві Лейквуд, Джоела Остіна. Музикант повинен був співати на ранковому богослужінні, а ввечері вести поклоніння. Після того, як домовленість була досягнута, музикант захотів більше часу для виступу, сказавши, що якщо він не отримає те, що просить, то не буде співати. Через щільний графік богослужіння наша команда лідерів прославлення відмовила артисту в його проханні. У неділю вранці він не з›явився, але на вечірньому служінні пройшов між рядами й сів поруч з пастором Джоелом, як ні в чому й не бувало.

Після богослужіння один з лідерів запитав пастора Джоела, що йому робити. Чи повинні вони заплатити співакові тільки за те богослужіння, в якому він брав участь? Джоел взяв аркуш паперу і записав подвійну суму, яку спочатку збиралися заплатити гостю. Навіщо платити йому вдвічі більше? Логічно було б заплатити стільки, скільки він реально заслуговує. Але пастора Джоела не хвилювало, як до нього ставляться інші. Його більше турбувало те, як він сам ставиться до інших. Джоел знав, що Бог виправдає його за те, що він вчинив правильно в неправильній ситуації. Пастор Джоел продемонстрував всій своїй команді, що ми покликані мислити поіншому і бачити світ з Божої точки зору.

Більшість людей думають, що побудова команди починається з навчання лідерів виконувати програму, але насправді вона починається з навчання лідерів мати Божий розум. Вертикальні лідери зміщують своє мислення від почуттів і традиційного мислення до лідерства, керованого вірою. Вони перестають покладатися на власні ідеї й починають втілювати Божі ідеї. Божі ідеї не обмежені тим, у що нас змусив вірити життєвий досвід. Наш голос може вплинути на село, але Божий голос здатний потрясти весь народ.

Вертикальне лідерство закликає нас говорити голосовими зв›язками Бога Всесвіту. «Я все можу в Христі, що зміцнює мене. Я більше, ніж переможець; я голова, а не хвіст; я благословенний і не можу бути проклятий; я поліцейський, а не грабіжник». Якщо ви хочете будувати команду, ваше ставлення має відповідати вашим запросам. Якщо вважаєте, що завжди будете боротися, ви завжди будете боротися. Якщо ви задоволені тим, де ви є, ви там і залишитеся. Якщо ви вкладаєте лише половину, то отримаєте стільки ж. Найбільший урок, який я засвоїв у Лейквуді, полягає в тому, що для Бога немає нічого неможливого. Він може взяти церкву, яка починалася в комбікормовому магазині, і через 50 років перенести її на арену. Він дасть вам мрію побудувати бізнес і команду, яка втілить цю мрію в життя. Чи маєте ви розум Христа, щоб робити дивовижні речі? Чи піднімаєте ви свою команду, надихаючи їх тим, що надихає Бога? Чи обмежуєте ви себе лідерськими ідеями чи кидаєте виклик логіці Божими ідеями? Почніть з власного мислення, перш, ніж закликати інших змінити його. Якщо ви вірите, що Бог може допомогти вам будувати чудові команди та надихати людей, ви це зробите.

Я сподіваюся, що прочитавши цю книгу, ви почнете бачити своє служіння або свою організацію з нової перспективи. Ви зрозумієте, що ключ до успіху лежить не в парадигмі лідерства чи наборі навичок, а в тому, як ви дивитеся на світ і на тих, кого вам дано надихати. Як почати бачити з цієї перспективи? Як стати вертикальним лідером? Як допомогти іншим побачити, що вони можуть перелізти через стіну? Я радий, що ви запитали...

1

Створення Вертикального Лідера

Продовжуй дивитися вгору! Ніколи не знаєш, коли Бог дасть тобі щось надзвичайне.

Друг Джейсона відрізнявся від інших дітей у кварталі. Він рідко виходив грати, а коли виходив, то замість того, щоб приєднатися до баскетбольної гри, бігав по колу, підстрибуючи вгору і вниз. Батьки хлопчика спостерігали за ним, сподіваючись, що їхній син знайде спільну мову з групою, але побачили, що інші діти його зовсім не розуміють.

Коли Джейсон запитав тата, чому його друг не такий, як усі, батько розповів йому про аутизм, через який деяким дітям важко спілкуватися і будувати стосунки. Джейсон був спантеличений і сказав: «Я не розумію».

“Ну, - відповів його тато, - ти коли-небудь намагався поговорити зі своїм другом, а він не звертав на тебе уваги?”

“Так”, - сказав Джейсон.

“Ну, це тому, що він ще не зрозумів, як з тобою спілкуватися. Він коли-небудь повторював те, що ти говорив?”

“Так, - сказав Джейсон, - я думав, що він з мене сміється”. “Ні, він повторює за тобою, намагаючись зрозуміти, як з тобою розмовляти”. “Чи є ліки від аутизму?” запитав Джейсон.

“Поки що ні, але я впевнений, що люди намагаються їх винайти”.

Саме тоді Джейсон помітив, що батьки його друга завели сина назад у дім, бо інші діти сміялися з нього. Джейсон вирішив допомогти своєму другові у будь-який спосіб. «Тату, можна мені винайти ліки?» - запитав він.

Здивований батько відповів: «Ну, як я завжди тобі казав: не опускай очей, бо ніколи не знаєш, коли Бог може дати тобі щось дивовижне». На обличчі Джейсона з›явилася широка посмішка, коли він зрозумів, що з Богом можливо все.

Джейсон збирав газети та алюмінієві бляшанки, щоб переробляти їх для отримання прибутку, і відкрив лимонадний кіоск. Коли його друзі казали, що він ніколи не заробить достатньо грошей, хлопець просто продовжував дивитися вгору. З допомогою батьків він спланував піший марафон і ходив від дверей до дверей, просячи пожертви та розповідаючи іншим про свою мрію винайти ліки від аутизму. Коли двері зачинялися і люди не хотіли жертвувати, то він просто продовжував дивитися вгору.

Коли настав день проведення пішохідного марафону, то лише 10 осіб записалися, щоб взяти в ньому участь (і половина з них - його сім›я), але Джейсон гордо крокував по кварталу, впевнений, що він робить щось важливе. Коли один чоловік запитав його, чому він дивиться вгору, Джейсон відповів, що Бог збирається кинути щось йому на коліна.

“Прямо зараз?” - відповів чоловік.

“Не знаю, - сказав Джейсон, - але тобі краще пригнутися, про всяк випадок!” Він був на місії і знав, що Бог неодмінно допоможе.

Джейсон зателефонував своїй родині, сусідам і навіть на місцеві телеканали, щоб почути оголошення про зібрані ним гроші. Він був настільки схвильований, що прокинувся о 6:00 ранку і кожні 15 хвилин перевіряв, чи не вишикувалися люди в чергу, щоб побачити це диво.

О 9:55 він вибіг на вулицю, де побачив своїх маму і тата, кількох сусідів, дітей, які хотіли побачити, чи зібрав він гроші, і місцеву радіостанцію, яка вирішила, що з цього вийде гарна історія для їхньої рубрики про спосіб життя. Джейсон почав говорити: «Пані та панове, представники преси, дякую, що прийшли сьогодні, щоб допомогти винайти ліки від аутизму. Гроші, які ми зібрали, допоможуть моєму другові вилікуватися, щоб він міг грати в баскетбол, коли захоче. Нехай зміни розпочнуться!»

У цей момент Джейсон відкрутив кришку скарбнички і висипав гроші, які зібрав за останні три місяці. Поки мама з татом рахували їх, хлопець почав дивуватися, чому його друг з аутизмом так і не прийшов. Тоді тато Джейсона вигукнув: «435 доларів». З великою впевненістю Джейсон промовив: «ТАК! Ми зробили це!». В його уяві 435 доларів були еквівалентні 4 000 000 доларів. Діти почали сміятися, кажучи: «435 доларів не вилікують жабу». Сусід погладив його по голові, кажучи: «Ти зробив усе, що міг, синку; це все, що ти можеш зробити».

Вперше за три місяці Джейсон збентежено опустив голову. «Я зробив все, що міг, тату», - сказав він. «Напевно, цього було недостатньо». Його батько посміхнувся і сказав: «Синку, коли ти віддаєш своє найменше, Бог подбає про все інше. Не опускай голову, бо ніколи не знаєш, коли Бог скине тобі на коліна щось дивовижне».

Пізніше того ж дня друг Джейсона та його батьки повернулися додому. Джейсон побіг до них і постукав у двері, щоб запитати, чому вони не почули оголошення про зібрані ним гроші. Батьки пояснили, що вони відвідували школу розвитку, яка могла б допомогти їхньому синові, але були розчаровані, тому що навчання в ній коштувало 35 936 доларів на рік. «Ми ніяк не можемо дозволити собі таку школу».

Джейсон відповів: «Знаєте що? Я зібрав $435 для вашого сина, тож нам залишилося зібрати ще трохи більше $35,000». Вони подякували йому, але все ще були пригнічені, тому Джейсон сказав єдине, що вмів казати: «Не опускайте голову. Ніколи не знаєте, коли Бог може дати вам щось дивовижне в руки».

Саме в цей час прийшов батько Джейсона з конвертом, і дав його просто в руки батькам. «Кур›єр щойно доставив це нам додому», - сказав він. Подружжя відкрило конверт і почало читати записку:

> Ми щойно почули по радіо про маленького хлопчика, який хоче винайти ліки для свого друга-аутиста. Наш син народився з аутизмом багато років тому, і на той час було дуже мало відомо про те, як йому допомогти. Ми завжди хотіли зробити для когось іншого те, що не змогли зробити для нашого сина. Нещодавно ми продали деяке майно, і коли ми почули про бажання Джейсона допомогти своєму другові, то знали, що маємо допомогти в якийсь спосіб. До цього листа додається чек на суму, яку ми отримали від продажу нашого майна, $430,917. Дякуємо, що дозволили нам допомогти вашому синові.

Батьки почали танцювати навколо свого маленького сина.

Діставши калькулятор, батько підтвердив, що чека вистачить на 12 років навчання в школі.

Ніхто не може передбачити всі перешкоди, з якими зіткнеться в особистому житті, в бізнесі чи в служінні. Джейсону допомогла досягти успіху не відсутність викликів, а радше його реакція на них. Іншими словами, його відповідь визначила його пережиття провидіння. Він пережив Боже благовоління найкраще, тому що бачив світ з Божої точки зору: він постійно дивився вгору.

Ця історія (заснована на реальних подіях, коли моя сім›я отримала чудовий подарунок для мого сина з аутизмом) демонструє основний принцип, що лежить в основі вертикального лідерства:

> Вертикальний лідер бачить життя в іншій площині й надихає на надзвичайні зміни, які допомагають іншим піднестися над своїми обставинами.

Лідерство з Божої Точки Зору

Під час нещодавнього візиту молодіжної групи церкви «Лейквуд» один з наших керівників, Клейтон Херст, уособлював вертикальне лідерство, коли зустрівся з Алексом і Саванною. Він згадав, як навчав Саванну, коли вона була маленькою, розумною, впевненою в собі дівчинкою. Зростаючи, вона досягала успіху в усьому, що робила. Але фізично Саванна була схожа на своїх батьків, успадкувавши руде волосся матері та зріст батьків.

Не бачивши її з дитинства, Клейтон був здивований тим, наскільки високими були вона та її брат. Хоча Алекс був лише на другому курсі, його зріст уже становив 198 сантиметрів. «Алекс, ти величезний!» - вигукнув Клейтон. Алекс опустив голову, соромлячись, але йому подобалося, що його вважають чоловіком. Він з гордістю розповів Клейтону про те, що на другому курсі був відмінником з трьох видів спорту. Коли Саванна вийшла з-за рогу, Клейтон побачив, що вона теж дуже висока для свого віку, і, розкривши обійми, сказав: «Саванно, ти така гарна!» На її обличчі блиснула широка посмішка, і дівчина кілька хвилин розмовляла з ним про те, як у неї йдуть справи.

Клейтон і гадки не мав, що його вертикальне лідерство вплинуло на Саванну. Наступного дня він отримав листа з таким змістом від її матері:

> Я впевнений, що ви не знали цього, але Саванна зараз переживає складні часи через свій зріст. І дівчатка, і хлопчики в її класі нижчі за неї, і такі дійства, як танці, були нестерпними! Одна дівчинка сказала їй, що вона потвора. Коли Саванну більшість людей бачать, вони кажуть: «Боже мій, ти така височезна!» «Височезна» - це не те, що молода дівчина хоче чути. Коли ви побачили її і сказали: «Ти така красива», це означало для неї цілий світ. Це відкрило двері для доброї розмови з Саванною, і я знаю, що це благословило її. Це було маленьке зернятко впевненості. Моє серце переповнене вдячністю за те, як Божа любов проявляється через ваші вчинки.

Бачачи Саванну красивою, а не просто високою, Клейтон підняв її дух і впевненість у собі. Вертикальні лідери допомагають іншим злетіти туди, де літають орли, а не туди, де пасуться кури. Вони усвідомлюють, що влада досягається не шляхом підйому корпоративними сходами, а через зрощування людей. Мама Савани тепер вважає Клейтона видатним лідером, але не через якусь програму, а через те, що він побачив у її доньці.

Вертикальні лідери вважають, що зрощувати інших - найкращий спосіб пережити Божу дію у своєму житті. Саванні потрібно було побачити свій внутрішній світ з нової перспективи, і Клейтон надихнув її на це.

Це не завжди очевидно

Божі вертикальні лідери не завжди є очевидним вибором. Великі лідери, яких використовує Бог, не завжди стереотипні, але завжди доступні. У своїй книзі *"Повість про трьох царів"* Джин Едвардс описує, що Саул був обраний царем, тому що він відповідав образу царя. Він був високим, симпатичним і користувався загальною популярністю. Хлопець походив з хорошого роду й робив великі справи для свого народу.[1] Проте, незважаючи на зовнішній образ, заздрість і самозакоханість Саула врешті-решт виявилися. Його гордість завадила біблійному герою стати тим, ким Бог йому призначив. Замість того, щоб бути улюбленим царем, Саул став тим, кого Джин Едвардс називає божевільним царем. З іншого боку, Давид мав мало рис, притаманних лідеру. Як і Саул, брати Давида відповідали образу лідера, в той час як Давид був лише скромним хлопчиком-пастухом. Якби Давид і Саул балотувалися на посаду царя, то переміг би Саул. Однак, той, кого ми вважаємо царем, може не бути тим, кого Бог вважає царем. Бог бачить характер і потенціал людини. Коли Давид пас овець, у ньому зародилося насіння лідерства. Зрештою, він піднявся над своїми обставинами і став одним з найвеличніших царів в історії. Він зрозумів, що кожна людина важлива, що з Божою допомогою він може перемогти своїх ворогів, і що сила й влада не мають нічого спільного з розміром тіла людини, але все залежить від розміру його або її серця. Іншими словами, великі двері тримаються на маленьких петлях.

Коли ви маєте Божий розум, то не переслідуєте людей, яких всі помічають, а навпаки - тих, кого інші ніколи не помічають. Ви ніколи не знаєте, що може "ховати" в собі людина, поки не поспілкуєтесь з нею. Ваш Давид може сидіти там, де ніхто не шукає.

Вертикальні Лідери Формуються Через Досвід

Бог унікально обдарував вас, як вертикального лідера, особливими сильними сторонами. Творець також дав досвід, який сформував вас. Справжнє натхнення приходить від божественної співпраці. Коли Бог керує вашим життям Він надихає писати слова і диригує музикою. Твої найкращі пісні ще не написані. Життя може бути схожим на написання пісні. Мелодія і слова, які ви співаєте й граєте, залежать від того, хто їх пише. Чи дозволите ви Богові вести вас під час гри та співу? Він буде використовувати твоє життя, щоб надихати інших жити по-справжньому. Пам›ятайте, якщо ви говорите, використовуючи свій розум, то досягнете розуму; якщо ви говорите від свого серця, досягнете серця; якщо говорите, використовуючи життєвий досвід, ви досягнете життя.

Більшість уроків лідерства ми беремо з досвіду, отриманого в переломний момент нашого життя або в складних обставинах, коли потрібно було знайти рішення. Вертикальні лідери вчаться більше на власному досвіді, ніж на загальних принципах лідерства. Коли Давид захищав овець від лева й ведмедя, він навчився військовій справі, яка допомогла йому перемогти Голіафа. Коли він писав хвалу Богові на полях, біблійний герой вчився смирення й подяки. Давид не міг навіть подумати, що ці пісні стануть молитовником, але Бог знав. Творець знає все наперед і готує нас до того, щоб ми надихали інших.

Чим більше ви прагнете зростати, тим більше вчитеся. Коли знаходите час для роздумів й навчання як на хорошому, так і на поганому досвіді у своєму житті, то зростаєте як лідер.

Коли лікар поставив нашому синові Коннору діагноз «аутизм», ми були шоковані. Ми з дружиною мали дуже мало знань про аутизм і про те, що він може означати для нашої родини. Як ви побачите в цій книзі, наш досвід з аутизмом і Боже забезпечення допомогли побачити життя в зовсім іншій площині. Ми пережили важкі та болісні моменти, але, спостерігаючи за тим, як росте Коннор, я зрозумів, що у нього серце чемпіона. Як і він, ми ніколи не можемо здатися.

Коли лікарі поставили діагноз, ми пережили страх і травму від того, що не розуміли, чому Бог не зцілив нашого сина відразу. Але навіть у тому, що здавалося відсутністю Божої відповіді, ми в се одно вірили, що Бог діє. Вікторія Остін каже: «Боже мовчання не є Божим запереченням. Він постійно працює за лаштунками від нашого імені». Наша боротьба допомогла ідентифікувати себе з іншими сім›ями, які перебувають у подібних ситуаціях і потребують підтримки для своїх дітей. Я відчула Божий заклик вести інших до розвитку служіння в нашій церкві, щоб допомогти сім›ям розвивати своїх дітей. Коли ми підняли очі вгору, то побачили Боже бажання створити місце для дітей, де вони могли б рости і вчитися.

Кожна людина має досвід, який Бог хоче використати для формування її лідерства. Якби ви записали 10 прикладів, коли хтось або щось вплинуло на вас, які принципи лідерства почали б формуватися у вашій свідомості? Напевно, можна було б написати книгу! Наше життя схоже на книгу:

> Те, що ви вирішите зробити зі своїм життям, диктує чи буде воно пригодою або порожніми сторінками.
> Вертикальні лідери беруть ці принципи на озброєння і приводять у рух постійний потік думок, спрямований вгору. Перспектива змінюється, коли ви бачите життя під іншим кутом зору. Ви розумієте, що будь-який досвід може надихнути інших на надзвичайні зміни.

Об›єктив Google Планета Земля

Веб-сайт Google Планета Земля показує зображення, що дозволяють користувачам побачити Землю з висоти пташиного польоту. Супутник показує те, що людське око ніколи не зможе побачити. Коли я дозволяю Богові бути моїм супутником, то можу зрозуміти те, чого не могла зрозуміти, але Бог може. Те, що я не можу зрушити з місця, Бог може. Те, що я не можу вирішити, Бог може. Те, що я не можу побачити, Бог бачить.

Коли ми впевнені, що Бог працює в нас для нашого ж блага, коли віримо в Його здатність діяти навіть у найскладніших ситуаціях, проблеми виглядають як нори, а не гори. Чому? Уявіть, що ви берете проблему в руку і розглядаєте її з усіх боків за допомогою збільшувального скла. Вертикальні лідери можуть бачити світ з такої перспективи, коли вони дивляться через Божу лінзу.

Вертикальний лідер завжди дивиться вгору. Якщо ви опустите голову вниз, то не зможете побачити, що попереду. Якщо дивитесь вперед, то побачите лише те, що перед вам, але якщо ви завжди будете дивитися вгору, то побачите, що у Бога все під контролем. Це перспектива Google Планета Земля.

Коли Давид вийшов на битву з Голіафом, то юнак говорив з упевненістю вертикального лідера. Він сказав: “Ти йдеш на мене з мечем, зі списом і зі щитом, а я йду на тебе в Ім’я Господа Саваота, Бога, наставника Ізраїля, якого ти сьогодні зганьбив! І Господь сьогодні видасть тебе в мою руку, я вб'ю тебе і зніму твою голову з тебе, і дам твій труп і трупи табору филистимців у цей день небесним птахам і звірам землі, і вся земля пізнає, що є Бог в Ізраїлі!" (1 Сам. 17:45-46). Давид бачив свою перемогу задовго до того, як це сталося, тому що він бачив світ під іншим кутом зору. Цікаво, що Бог сказав біблійному герою вибрати п›ять гладких каменів. Чому б просто не взяти один камінь? Можливо, тому, що інші чотири камені символізували те, що Давид збирався використовувати їх в майбутніх битвах. Бог дав йому інструменти віри ще до того, як біблійний герой вступив у майбутні битви; Бог знав, що чекає хлопця попереду.

Граючи в шахи, людина, може бачити загальну картину, передбачувати кожен хід до того, як він буде зроблений; чемпіони-гросмейстери не тільки бачать свої власні ходи, але вони також можуть бачити кожен наступний хід свого опонента. Тоді перемога неминуча. Яка разюча різниця була б, якби ми працювали, спираючись на те, що знає Бог, і на те, що Він бачить. Духовно ми можемо мати Божий розум і бачити речі Його очима.

Чи готові ви дивитися на життя з Божої перспективи? Чи готові надихати та бути натхненними іншими? Чи готові ви серцем розвивати підхід, який надихатиме на надзвичайні зміни в командах, які ви очолюєте? Все починається з того, що ви починаєте випрацьовувати в собі дві ключові характеристики вертикального лідерства: серце дитини та волю воїна.

Погляд з Окопів Вгору

Маргарет Перез Волонтер Лейквуд

За рік мого стажування пастор Крейг мав великий вплив на мене, сформувавши мене як лідера, яким я хочу бути. Минуле людини дуже легко визначає її майбутнє. Ми дозволяємо обставинам, в яких знаходимось, формувати те, ким ми є і як ми ставимося до інших. Ми забуваємо, що створені за образом і подобою Божою, а не за образом і подобою людей, якими маємо бути. Завжди виявляються істинні мотиви нашого серця, наш справжній характер з часом стане відомим, і насіння, посіяне в нашу внутрішню людину, має бути Божого серця - Божого образу.

Під час розмов з пастором Крейгом ми говорили про вибір, який всі робимо: Ми можемо зробити популярний вибір, а можемо зробити правильний вибір, піднявши очі догори, щоб побачити Божу перспективу. Лідери, які мають владу і позиції, іноді можуть втратити з поля зору свою справжню мету і причину, через яку вони були призначені на цю посаду.

Мислячи вертикально, а не дивлячись на те, що знаходиться прямо переді мною, я зрозуміла, що справа не тільки в мені! Як лідери, ми забуваємо, що одне слово, одна пісня, один дотик чи навіть одна молитва можуть змінити життя людини. Знаю, що завдяки Божому керівництву я хочу бути відображенням Його шляху і запрошувати інших на Його дорогу.

На початку мого стажування в дитячому служінні я прагнула стати такою, як Бог мені відкрив. Пастор Крейг побачив моє сильне бажання служити дітям і Божий поклик ще до того, як я про це дізналася.

Іноді я запитувала пастора Крейга: «Чи прийде полегшення?». Відповідь була такою: «Ні, але Бог робить тебе сильнішою й розширює твоє серце. Чим важче стає, тим більше ти дивишся вгору». Дивлячись вгору, ви отримуєте Божу перспективу й починаєте зростати у впевненості. Ваше бачення не є природним, а надприродним. Бог дає вам достатньо. Я зрозумів, що коли ти шукаєш Божого керівництва, неприємності можуть потрясти тебе, люди можуть ранити тебе, але весь життєвий тиск лише виявляє Божу любов, якою ти сповнений. На прикладі пастора Крейга я навчивлася бути підбадьоренням для інших і навіть для самої себе. Як лідер, я зрозуміла, що коли ми сіємо насіння надії, віри та підбадьорення в життя тих, хто нас оточує, Бог приведе в наше життя людей, які будуть підбадьорювати нас. Коли Божа ревність є у вашому серці, вона випромінюється та передається оточуючим.

На зборах лідерів нової церкви пастор сказав своїм керівникам: «Тільки уявіть, ми будемо проводити два богослужіння в неділю. Подумайте про те, що ви будете відчувати в цей час». Усі були приголомшені. Я сказала: «Ми будемо весь час дякувати Богові, тому що з Богом все можливо».

Коли ви перестанете думати, що є щось нездоланне, то зможете розвинути в собі ставлення до можливостей. Бог «розтягує» нас рівно настільки, наскільки це можливо. Ми, як гумка, в Божих руках. Коли її не дуже сильно розтягують, вона чинить невеликий опір, але чим більше її розтягують, тим менший опір. Бог знає, наскільки сильно Він може розтягнути нас, перш ніж ми зламаємося.

Пастор Крейг навчив нас завжди думати про себе як про лідерів. Вам не обов›язково мати титул, щоб бути лідером для оточуючих. Як самотня мама, я є мамою і татом для двох своїх дітей. Завдяки Божій силі, керівництву та мудрості я показую їм, що ми можемо це зробити. Я відмовляюся дозволяти своєму статусу «самотня матір» і нашому минулому впливати на їхній характер, визначати, ким вони є або нівелювати те, ким Бог створив їх.

Завдяки заохоченню пастора Крейга я зрозуміла, що коли Бог покликав тебе вийти з човна, й коли Він каже тобі, що настав час іти, ти піднімаєш очі і йдеш.

ПРАКТИЧНІ ЗАВДАННЯ

1. Визначте людей у вашому житті, які відповідають визначенню вертикального лідера.
2. Як лідер, чи бачите ви найкраще в людях? Які кроки ви можете зробити, щоб розвивати людей, яких ви очолюєте?
3. Як фраза «великі двері гойдаються на маленьких петлях» може вплинути на ваш погляд на виявлення лідерських якостей в інших?
4. Запишіть 10 прикладів, коли хтось або щось вплинуло на вас. Які принципи лідерства починають формуватися у вашій свідомості?
5. Що ви можете зробити протягом наступних 30 днів, щоб розвинути перспективу Google Планета Земля?

Примітка

1. Джин Едвардс, Казка про трьох королів (Чикаго, Іллінойс: Тиндейл, 1992).

2

Серце Дитини І Воля Воїна

Жодне велике починання ще не було здійснене без незламної волі однієї людини, яка готова нести свою справу. Саме такі люди змінюють світ.

Вертикального лідера не можна побудувати, прочитавши книгу чи відвідавши конференцію з лідерства. Вертикальні лідери розвивають здатність бачити з Божої перспективи, розвиваючи серце, здатне слухати, і волю робити те, що потрібно. Вертикальний лідер надихає інших здійматися над обставинами, в яких вони перебувають, розвиваючи в собі дві риси, які ідентифікують їх як чемпіонів надії: серце дитини та волю воїна. Що було унікального в бажанні Джейсона знайти ліки від аутизму? Його мотиви були чистими, і його розум не був сформований життєвими турботами. Маючи місію і батька, який направляв його, ніщо не могло його зупинити. Батько посіяв у ньому зерно: дивитися вгору і очікувати від Бога найкращого. Як тільки Джейсон отримав це насіння, він почав мислити вертикально, а його залізна воля майже гарантувала йому успіх. Ви не можете отримати врожай, поки не приймете насіння.

У Матвія 13:22-23 Ісус тлумачить частину притчі про чоловіка, який кидав насіння в поле. Зерно, що впало серед терня, уособлює тих, хто чує Боже Слово, але життєві турботи і спокуса багатства витісняють його з поля зору. Зерно, що впало на добрий ґрунт, уособлює тих, хто чує і розуміє Боже Слово і дає врожай, який у 30, 60, або навіть 100 разів перевищує посіяне.

Подібно до чоловіка, який сіяв у притчі, ми, як вертикальні лідери, сіємо насіння в тих, кого ведемо. Чи будемо ми сіяти насіння, яке походить від нас самих, чи ми будемо сіяти в нашій команді бачення, яке приходить згори? Якщо ми плекаємо його власними думками та знаннями, ми ставимо себе на перше місце. Ми думаємо, що можемо якимось чином контролювати ріст насіння за допомогою власних здібностей і отримати кращі результати. Ми кажемо: «Я просто зроблю це сам» або «Що вони знають? Я керую вже 20 років, нічого нового вони не можуть мене навчити», або «Ви або за мене, або проти мене».

Якщо ми діємо самостійно, ми втрачаємо радість лідерства з Богом та іншими людьми. Винятковість не зробить вас кращим лідером, а лише самотнім. Бог не влаштовує моновистав; ми всі потребуємо допомоги, щоб зібрати великий урожай.

Я чув, ніби воїну властива не досконалість, не перемога, не невразливість, а абсолютна вразливість. Серце дитини дозволяє вам визнати, що ви потребуєте допомоги - від інших і від Бога. Є спокуса прагнути досконалості замість участі інших. Люди можуть захоплюватися досконалістю, але вони не можуть співвідноситися з нею. Коли ви не здатні визнати свою неправоту або вибачитися за помилку, ви стаєте небезпечним лідером. Ми думаємо, що наш імідж постраждає, бо сильні лідери не роблять помилок. Нам здається, що наша команда буде гірше про нас думати, коли ми не впораємося. Але саме наші помилки допомагають іншим налагодити зв›язок з нами.

Всі роблять помилки, але не всі готові в цьому зізнатися. Всі і так знають, що ви не ідеальні, тож навіщо будувати фортецю навколо образу, в який ви хочете, щоб люди повірили? Ви будете робити помилки. Використовуйте їх як час для формування характеру, щоб розвивати себе і свою команду. Наш характер проявляється в тому, як ми реагуємо на помилки, яких припускаємося. Ми можемо бути невразливими і будувати імідж, а можемо бути вразливими і будувати життя.

Інвестиції в життя інших потребують часу, енергії та відданості. Іноді здається, що простіше робити це самому. Але коли ви нехтуєте побудовою інших лідерів, щоб розділити з ними роботу, навантаження стає занадто важким. Жоден лідер не має настільки сильних ніг. Скільки ви знаєте лідерів, які вигоріли або зламалися під навантаженням, намагаючись нести всю вагу організації? Існує величезна цінність у залученні інших та створенні команд. Наведемо приклад старого жарту про лідерство: «Як ви називаєте лідера, за яким ніхто не йде?». Відповідь: Людина на прогулянці. Якщо з вами ніхто не працює, ви не є лідером. Вертикальний лідер є інклюзивним і будує команду з тих, хто готовий слідувати за ним.

Мені подобається історія про маленького хлопчика, який

спокійно грався на задньому дворі, а його батько спостерігав за ним з вікна. Батько з великою радістю спостерігав за тим, як його син грається з вантажівками в пісочниці. Коли хлопчик почав копати черговий тунель, він вдарився об камінь, засмутився і почав плакати. Батько міг вийти на вулицю, щоб допомогти, натомість він вирішив поспостерігати, як син впорається зі своєю проблемою. Незабаром сумне обличчя хлопчика стало рішучим, і він почав копати навколо каменя. Камінь виявився надто важким, щоб його підняти, тож, взявши палицю, він спробував відколупати камінь. Палиця зламалася, і, розчарований, хлопчик штовхнув камінь ногою, сподіваючись, що він зрушиться з місця.

Тепер у нього боліла нога, і він почав плакати, вигукуючи: «Дурний камінь». Кинувши іграшки, він побіг до будинку, де його зустрів батько.

З великим розчаруванням хлопчик розповів батькові про камінь і про все, що він робив, намагаючись зрушити його з місця. «Я ненавиджу цей камінь, тому що його неможливо зрушити!»

“Чи можеш ти пригадати, що ще ти міг би зробити, щоб витягти камінь?” - запитав батько.

З великим розчаруванням хлопчик пояснив, що він зробив усе можливе, щоб зрушити камінь з місця.

“Сину, ти міг би зрушити цей камінь, але ти забув використати свою найбільшу допомогу. Мене. Якби ти покликав мене, я б тобі допоміг. Завжди пам’ятай, що ти не повинен робити щось сам; коли ти попросиш, завжди знайдеться хтось, хто допоможе”.

Протягом багатьох років я мав честь спостерігати за незліченною кількістю волонтерів, які допомагають дітям у скрутний для них час. Мій син Коннор грає в бейсбольній лізі для дітей з особливими потребами, яка називається Challenger League. Там, де більшість дітей можуть підняти биту і розмахувати нею, Коннор дозволяє їй впасти на землю. Моя донька Кортні зголосилася бути бейсбольним товаришем Коннора. Вона показала йому, як ловити, бігати, розмахувати битою і просто розважатися.

Коли Коннор вперше вийшов на поле, ми всі з нетерпінням чекали на його перший удар. Кортні провела його до беттерської, допомогла зайняти позицію і дочекатися подачі. Перша подача прийшла, і Кортні дозволила Коннору спробувати замахнутися самостійно, але він впустив биту. З другою подачею вона стала позаду

Коннора і допомогла йому замахнутися і вдарити по м›ячу. М›яч ледве зрушив з місця, але йому здалося, що він вибив його з парку. Було дуже приємно спостерігати, як наша донька допомагає синові зробити його перший удар. Коннор не міг виконати цю роботу сам, але Кортні посприяла його успіху, тому що вони робили це разом. Ми закричали: «Біжи, Конноре!», і замість того, щоб піти на першу базу, він побіг до центрального поля. Який момент! Більшість підлітків, напевно, воліли б бути в торговому центрі, спілкуватися з друзями, а не ганятися за молодшим братом на полі. Навіщо підлітку гратися з маленькою дитиною, коли вона могла б займатися дорослими справами? У неї було дитяче серце.

Суспільство вимагатиме, щоб ти подорослішав, але Бог вимагатиме, щоб твоє серце залишалося вічно молодим. Коли маленькі діти підбігли до Ісуса і хотіли сісти Йому на коліна, учні намагалися їх зупинити. Ісус мав серце дитини і сказав учням, щоб вони дозволили дітям прийти до Нього, тому що Царство Боже належить таким людям, як ці діти. Він сказав: «Поправді кажу вам: хто не прийме Царства Божого, як дитина, той не ввійде до нього» (Мк. 10:15). Іншими словами, якщо ви хочете отримати ключі від Царства, ви повинні мати серце дитини.

Воля воїна - це друга відмінна риса вертикального лідера. Хтось скаже, що смирення і сильна воля не поєднуються, але це дуже далека від істини думка. Коли ви готові слухати Бога, і ваша воля переплітається з Божою волею, все можливо.

Моя бабуся Суратт зіткнулася з багатьма викликами в житті, але жоден з них не був сильнішим за рак. Кожного разу, коли я приїжджав до неї, на мене чекала усмішка, обійми, поцілунки та смачний обід. Я був її синочком. Вона називала мене Крейг-О. Якщо ми збиралися в гості і я намагався зробити замовлення по телефону, вона казала: «Крейг-О, я вже знаю, що ти хочеш. Я почну смажити курку і варити кукурудзу. Я наріжу помідори так, як ти любиш». Коли я стукав у двері, вона кидала все, що робила, і поспішала привітати мене. Між нами був особливий зв›язок, який важко пояснити, хіба що сказати, що я відчував, як вона обіймає мене за тисячу миль.

На жаль, моя бабуся дізналася про свій рак занадто пізно. Протягом семи років вона мала волю воїна і боролася з болем. Протягом цих років, здебільшого, я бачив її бадьорою, радою мене бачити, з посмішкою на обличчі та їжею на кухні. Потім мені зателефонувала мама і сказала, що бабусю терміново везуть до лікарні. Лікар сказав, що я, мабуть, не встигну попрощатися з нею.

Він не знав моєї бабусі! Вона була впертою, з волею воїна. Хоча рак спустошив її тіло, і кожен подих давався їй з великими труднощами, вона знала, що ще не час вмирати, тому що була одна людина, яка ще не була поруч, її хлопчик, Крейг-О. Вона то втрачала свідомість, то знову приходила до тями, але щоразу, коли прокидалася, запитувала: «Де мій хлопчик?». Після того, як її заспокоювали: «Він буде тут, як тільки зможе», вона знову занурювалася в сон.

Перед тим, як я сів у літак, мама сказала: «Вона все кличе тебе, не помре, поки ти не приїдеш. Поспішай, Крейг». Я хвилювався, що не встигну вчасно, але я не усвідомлював, що у неї була воля воїна. Коли я зійшов з літака, мама сказала: «Ти не повіриш, вона все ще бореться». Бог шанував її бойовий дух, тому що Бог любить волю воїна. Він продовжував вдихати в неї життя, щоб її онук міг востаннє полюбити її і дати їй зрозуміти, що вона може йти.

Моя сестра зустріла мене в лікарні і сказала: «Крейг, це диво, що вона ще жива». Вона відмовлялася припинити боротьбу, поки не закінчить те, що мала зробити. Коли я увійшов до палати, то сказав: «Бабусю, я тут, твій хлопчик тут, я люблю тебе». Зібравши всі свої сили, вона зробила вдих і сказала: «Крейг, я люблю тебе». Ці чотири слова - все, що вона змогла вимовити, але їх було достатньо для нас обох. Її не стало до наступного сходу сонця, але вона зробила те, що мала намір зробити. Моя мама розповідала нам, що перед своєю останньою битвою в лікарні вона говорила про спокій, знаючи, що вона добре боролася з вірою і що вона закінчила гонку. Але їй належала ще одна битва. Вона хотіла переконатися, що її хлопчик теж знайде спокій

Що потрібно людині, щоб вистояти, щоб боротися до останнього подиху? Коли твоя воля переплітається з Божою волею, це і є воля воїна. Джон Остін сказав: «Чудово мріяти про мрію, коли ти стоїш в юності біля зоряного потоку, але ще краще боротися з життям і сказати в кінці, що мрія здійснилася».[1] Рішучість і наполегливість у досягненні Божої мети в поєднанні зі смиренним серцем дають вертикальним лідерам здатність бачити життя в зовсім іншій площині.

Коли ти дивишся на речі з Божої точки зору, тебе попросять зробити те, що здається неможливим. Але якщо ви довірятимете

Богові, як дитина, проситимете інших про допомогу і розвиватимете волю до того, щоб Божий задум здійснився, незважаючи ні на що, ви побачите, як ваші найбільші мрії та сподівання стануть реальністю. Ніщо не стане на заваді здійсненню вашого призначення.

Вертикальна Перспектива

Коли я вирішив відвідати церкву «Лейквуд», я вилетів, щоб познайомитися з персоналом і побачити та почути про церкву з перших вуст. Коли ми під›їжджали до церкви, я не міг повірити, що в неділю вранці на дорогах було багато машин. Я подумав: «Невже тут проходить ярмарок чи фестиваль?». Можете собі уявити моє здивування, коли ми зрозуміли, що всі ці машини вишикувалися в чергу, щоб потрапити до церкви Лейквуд. Я бачив, як на автостраді 57 в Анахаймі, штат Каліфорнія, вишикувалися машини на бейсбольний матч «Ангелів», але ніколи не бачив, такої черги щоб потрапити до церкви!

Коли ми нарешті дісталися до церкви, я зайшов до дитячого приміщення, яке було дуже гарним і чистим, але не схожим на 40 000 квадратних футів ультрасучасного приміщення під назвою Kidznet у церкві «Спільнота віри» в Каліфорнії. У «Фейт Ком›юніті» ми вірили, що коли хтось зайде на територію нашого кампусу і побачить наших людей і приміщення, він зрозуміє, що ми цінуємо сім›ї та дітей. У Лейквуді було схоже бачення, але їхні приміщення ще не відповідали цьому баченню.

У них були видатні вчителі та керівники, але інфраструктуру потрібно було розширювати, щоб пристосуватися до збільшення кількості дітей і служінь, яке було вже не за горами. Для розширення дитячого служіння потрібно було створити групи прославлення, театральні групи, групи безпеки для дітей, реєстраційні групи, програмістів, лідерів служіння, звукорежисерів та технічних працівників. Для того, щоб набрати і навчити велику кількість лідерів, які нам знадобляться в майбутньому, були потрібні багаторівневі програми розвитку лідерських якостей. Я пам›ятаю, як сказав дружині: «Чому ми хочемо покинути Каліфорнію і почати все спочатку?». Ми любили наш район, погоду, нашу церкву і наш новий дитячий садок. Бог допоміг нам побудувати служіння, яке мало великий вплив у нашій церкві та громаді.

Розглядаючи Лейквуд, я був приголомшений завданням, що стояло переді мною, і засипав дружину запитаннями: «Ти знаєш, наскільки важкою буде ця робота? Ти знаєш, скільки команд нам потрібно створити, щоб впоратися з такою кількістю дітей, які приїдуть? Ти хоч уявляєш, яке бачення цієї церкви має Джоел Остін?»

Ми пішли на вечерю з Джоелом і Вікторією Остін, а також Лізою і Кевіном Комсами, сестрою і зятем Джоела, які були лідерами в церкві. На мій подив, десь на чверть вечері Джоел повернувся до мене і сказав: «Крейг, ми хочемо досягти дітей і сімей так, як ніколи раніше. Ми могли б переїхати в центр Compaq раніше запланованої дати, але ми хотіли зробити дітей і сім›ї нашим пріоритетом. Наші приміщення будуть найсучаснішими, але нам потрібен лідер, який допоможе вийти на новий рівень. Я вірю, що ви є таким лідером. Я вірю, що з Божою допомогою ми можемо мати одне з найкращих дитячих служінь в країні, і ми віримо, що ви можете бути з нами протягом наступних 25 років».

Це був мій перший досвід спілкування з Джоелом Остіном. Я подумав: « *"Хто ця людина?"*. Він чудова людина, але він також один з найбільш цілеспрямованих людей, яких я коли-небудь зустрічав. Він не гаяв часу, переходячи до суті. У той момент я побачив і серце дитини, і волю воїна. Він діяв у зовсім іншій площині, ніж будь-який інший лідер у моєму житті. Його позитивна, але рішуча віра надихнула мене. Який лідер насправді скаже комусь, з ким він щойно познайомився, що він відчуває, що буде з ним наступні 25 років? Я зрозумів, що Джоел - один з найвідданіших людей, яких ви коли-небудь зустрічали. Якщо він каже, що вірить, що ви можете бути з ним разом служити 25 років, він не просто намагається продати вам щось. Він по-дитячому вірить у людей і довіряє їм.

Після вечері я розповів дружині, що сказав Джоел, а вона розсміялася: «Він це серйозно? Двадцять п›ять років?» Я відповів: «Так, думаю, що так». Ми обидва були приголомшені тим, що після однієї співбесіди він сміливо запросив нас провести значну частину нашого життя, працюючи з ним. Того вечора ми обидва визнали, що Джоел бачить речі не так, як більшість лідерів. Він не прикидався позитивним заради видимості; він насправді вірить у все, що говорить. Діти такі, чи не так? Вони говорять те, що мають на увазі, і мають на увазі те, що говорять.

Наступного ранку я пішов до церкви і відчув, що розриваюся між натхненням від нового оточення і небажанням залишати наше життя і служіння в Каліфорнії. Я подумав: *"Чому Бог привів нас у місце, яке ми любимо, лише на три роки, а потім хоче, щоб ми поїхали звідти?"*. Ми тільки починали. Я відчував, що наш поклик до Лейквуда був неминучим, але я ще не був готовий відмовитися від боротьби.

Часом ми дозволяємо гордості, безпеці, невпевненості, впертості чи страху заморозити нас на місці. Я називаю це кріогенним лідерством. Ми застигаємо у своєму теперішньому стані, тримаючись за відоме, бо невідоме не має сенсу. Проте, що коли-небудь відбувалося надприродним чином, що має сенс? Ніщо по-справжньому велике ніколи не має сенсу.

Коли Неємія відчув покликання відбудувати стіну навколо Єрусалиму, це не мало сенсу, адже він був лише виночерпієм царя. Коли Мойсей розділив Червоне море, піднявши свій посох, це не мало сенсу, але море розділилося навпіл. Коли Ісус Навин виграв битву за Єрихон, обійшовши місто сім разів, це здавалося безглуздим, але стіни Єрихону впали. Ваші думки стримують вас більше, ніж будь-який ворог. Якщо ми намагатимемося знайти в усьому сенс, ми відмовляємо себе від того, щоб коли-небудь зробити щось велике для Бога. Того ранку на богослужінні в Лейквуді Дункан Доддс представився, і першими словами, що пролунали з його вуст, були: «Якщо ви можете про це мріяти, ми можемо допомогти вам це здійснити». Хто ж ці люди? Я подумав. Це найпозитивніша церква, яку я коли-небудь бачив, і всі вони говорять однією мовою. Після служби ми зустрілися з Полом Остіном, який подивився на мене і сказав: «Я не знаю, чого ви чекаєте, але мені здається, що це правильне рішення. Ми віримо, що ви саме та людина, яка має приїхати до Лейквуда».

Все ще не відчуваючи бажання покинути церкву « Faith Community Church», я почав подумки пакувати валізи, тому що співбесіди закінчилися і я був готовий їхати додому. Тоді мені зателефонував Джоел і сказав: «Крейг, ми не хочемо тиснути на тебе, але ми дійсно відчуваємо, що ти саме та людина, яка повинна бути з нами в Лейквуді. Просто знай, що ми віримо разом з тобою в те, що Бог бажає тобі і твоїй сім›ї найкращого, хоча ми вважаємо, що найкраще для тебе і твоєї сім›ї буде тут, в Лейквуді». Він бачив те, що Бог вже підтвердив, і просто чекав, що я теж це побачу. Я не обов›язково був їм потрібен. Зрештою, вони могли вибрати з будь-якої кількості більш талановитих і кваліфікованих людей. Але вертикальні лідери не обирають на основі людських якостей, вони обирають тих, кого вже обрав Бог. Вертикальні лідери дивляться вгору, щоб побачити Божу перспективу. Пам›ятайте, що той, кого ми вважаємо царем, може не бути тим, кого Бог вважає царем.

Якраз тоді мені зателефонувала сестра і розповіла про дивовижний час, який я провела в Лейквуді, про те, які вони всі були милі і скільки любові я відчувала, перебуваючи там, але я просто не відчувала підтвердження, щоб покинути наш дім у Каліфорнії.

Моя сестра, яка мислить досить прямолінійно, зазвичай говорить те, що в неї на думці. Її першими словами були: «Що з тобою? Ти усвідомлюєш можливість, яку Бог дає тобі працювати з такими людьми, як Джоел, і досягати тисяч людей через неймовірний рух, який відбувається там? Чи усвідомлюєш ти, що Бог поставив тебе посеред цього?» Відчуваючи присутність Святого Духа, що оточував мене, я почав плакати. Моя дружина, яка чула тільки мою частину розмови, сиділа на ліжку і плакала, тому що в той же час відчула те ж саме підтвердження: Ми залишаємо Каліфорнію і переїжджаємо до Техасу, щоб бути частиною Лейквуда. Що сталося? Поки я все ще дозволяв своїм почуттям і думкам керувати моєю долею, Бог використовував вертикальних лідерів, щоб допомогти мені побачити речі, які я не міг побачити самостійно. Я думав про всі причини, чому я не міг приїхати, замість того, щоб бути відкритим для того, щоб почути всі причини, чому ми могли б приїхати.

Словосполучення «вертикальні лідери» прийшло до мене за рік до того, як ми поїхали в Лейквуд. Ми не знали, що будемо служити з такою кількістю вертикальних лідерів, які навчать нас, незважаючи на труднощі, підніматися над обставинами, в яких ми опинилися. Ми не тільки зіткнулися з проблемою побудови команд і зростання великого служіння, але й дізналися, що наш син Коннор хворий на аутизм. Якщо ми хотіли виконати Боже призначення у своєму житті, нам потрібно було б мати серце дитини, щоб прийняти Божий план, і волю воїна, щоб боротися в битвах, з якими нам довелося зіткнутися. Чи бажаєте ви розвинути серце дитини та волю воїна? Читаючи цю книгу, ви дізнаєтесь про сутність та характеристики вертикального

лідера. Ви дізнаєтесь, що вертикальне лідерство виникає тоді, коли ми зосереджуємось на зовнішньому, на Божій перспективі та на любові до інших. Ісус одного разу сказав, що дві найбільші заповіді - любити Бога і любити інших. В основі великого лідерства лежать ті ж самі дві заповіді.
Я чув, що воїн не здається у справі, яку він любить; він знаходить любов у тій справі, яку він робить.

Погляд З Окопів Вгору

Фалон Мур
Волонтер з Лейквуду

"Ласкаво просимо, ми дуже раді бачити тебе тут!" Це були перші слова, які сказав мені пастор Крейг Джонсон. Не знаю, чи міг він прочитати побоювання і нервозність на моєму обличчі, але йому вдалося розвіяти мої страхи і змусити мене відчути себе бажаною гостею. Я відчувала себе не в своїй тарілці, адже щойно приїхала з приміської церкви в Нью-Джерсі, яка налічувала 800 членів, на стажування в Лейквуд, найбільшу церкву в Америці. Налякана, я сумнівалася, чи зможу впоратися з завданням, яке переді мною стояло.

Репутація пастора Крейга випереджала його. Я чула, що він переїхав з Каліфорнії в Лейквуд, щоб допомогти побудувати дитяче служіння, і як він і його співробітники створили команду з більш ніж 1000 волонтерів. Я бачила програми, які він і його команда реалізували, і як дитяче служіння працювало як добре змащений механізм. Я так багато знала про пастора Крейга ще до того, як познайомилася з ним. Для стороннього спостерігача, можна було б подумати, що він недоступний або просто дуже зайнятий. Це було б дуже далеким від істини. Моя перша зустріч з пастором Крейгом відбулася під час мого стажування в навчальному класі. Він знайшов час, щоб проявити особистий інтерес до кожного з нас і підбадьорити нас. Цінувати інших, пам›ятати про «команду» і мислити розумом Христа - ось лише деякі з уроків, які він нам дав. Він був для нас прикладом того, як бути вразливими і як розділяти боротьбу і перемоги тих, хто нас оточує. Він говорив про життя в служінні, завжди заохочував нас перевіряти серце і мотиви наших вчинків і ніколи не сприймати Божий народ як цінність і не нехтувати людьми.

Одного разу пастор Крейг навчав у нашому класі, коли він мав прийняти важливе рішення, яке вплине на багатьох у церкві. Він не прикидався, що в нього все це разом або що це не тяжіло на його серці. Він знав, що Бог змінює ситуацію, і відмовився ставати на шляху, незважаючи на те, наскільки важким було це рішення. Він попросив нас помолитися за нього тут же. Того дня я побачила його вразливість і зрозуміла, що він не дбає ні про свій титул, ні про всі нагороди. Все, чого хотів пастор Крейг, це почути відповідь від Бога і бути слухняним. Він завжди був підзвітним у своєму керівництві та готовим ділитися своїм серцем. Він не втратив здатності спілкуватися з оточуючими.

Коли настав час почати вести інших, я згадала ці уроки. Мені було дуже важко розширити зір. Я не знала, що може бути доречним у цій ситуації. Перебуваючи з приміської церкви середнього розміру в Лейквуді, я не мала іншого вибору, як кинути виклик своєму мисленню та шукати «Божу ідею» а не добру ідею. Мені довелося вийти і змінити свою точку зору. У вас так багато свободи, коли ви починаєте мати розум Христа. Лідером називають того, хто йде попереду інших і показує шлях. Пастор Крейг є прикладом цього, моделюючи слова, які він говорить. Будучи стажером і тепер співробітником, я працювала з пастором Крейгом, жодного разу не помічаючи в його характері лицемірства. Він такий самий за кафедрою, зі своєю сім'єю та персоналом. До цього дня Пастор Крейг усе ще зупиняє мене в коридорі, щоб підбадьорити, і я почуваюся так само цінною, як і в перший день, коли я прибула. Він показав мені цінність цілісності, шанування та заохочення інших, розширення можливостей і розкриття їх повного потенціалу. Я вважаю за привілей служити під керівництвом людини, яка вирішила присвятити себе розбудові Божого Царства.

ПРАКТИЧНІ ЗАВДАННЯ

1. Чи легко ви звертаєтеся за допомогою до інших чи зазвичай робите щось самостійно? Як ви думаєте, чому так?
2. Як розвиток серця дитини вплине на вашу ефективність як лідера?
3. Подумайте про когось із знайомих, хто має волю воїна. Які слова найкраще описують цю людину?
4. Подумайте про випадок, коли ваші думки чи страхи завадили вам зробити щось велике для Бога. Що б ви зробили інакше?
5. Розглядаючи історію приїзду в Лейквуд, подумайте про те, які вертикальні лідери допомогли вам побачити Божий намір щодо вашого майбутнього.
6. Які кроки ви можете зробити протягом наступного місяця, щоб розвинути серце дитини і волю воїна?

Примітка

1. Джон Остін, «Розвиток чудотворчої віри», проповідь, виголошена восени 1996 року.

3

Зерна Призначення

Бог ставить тебе зараз у таке положення, щоб ти мав великий вплив на когось, з ким тобі ще належить зустрітися. Коли це станеться, ти згадаєш це послання і зрозумієш, що нічого не відбувається випадково!

Ви коли-небудь замислювалися над тим, як крихітна насінина може створити стільки краси? Хто б міг подумати, що щось таке маленьке і, здавалося б, незначне може бути одним з найбільших Божих винаходів? Але дивовижним чином крихітна насінина несе в собі поживні речовини, достатньо потужні, щоб створити і підтримувати потужне життя. Після посадки і поливу, насінина, яку ви, можливо, не помітили, проростає зі своєї оболонки, щоб стати живим організмом.

Рослини мають спільні характеристики з іншими живими істотами. Так само, як людині потрібно дихати, рослині потрібно дихати. Так само, як людське тіло складається з клітин, рослини також мають клітини, які в кінцевому підсумку створюють структуру для того, щоб випустити щось геніальне. Бог не дає нам насіння без потенціалу росту. Коли Бог садить, Він садить зі знанням того, що велич вже живе і дихає в насінні. Там, де інші не бачать потенціалу, Бог вже бачить кінцевий результат. Вчені розуміють, що в ядрі атомів криється неймовірна сила. У поєднанні з іншими інгредієнтами можуть відбуватися грандіозні реакції. Так само велика сила міститься в ядрі насіння, яке Бог саджає. Якщо його виростити, воно може викликати реакцію, здатну змінити світ.

Бог посіяв у кожній людині те, що я називаю «зерна призначення». Воно містить Боже бачення вашого життя: ваш потенціал, ваші таланти, ваше покликання. Бог дає нам зерна призначення ще до нашого народження. Знаючи дари і таланти, які Він запланував для вас, Бог створив насіння, спеціально призначене для того, щоб викликати ланцюгову реакцію у вашому житті. Кожен з нас створений на Божий образ і подобу, тому ми знаємо, що досконалість закладена в нашій ДНК. Зерна призначення містять інгредієнти, з яких формуються лідери, і коли вони активуються, народжуються нові лідери. Англійський письменник Семюел Джонсон якось сказав: «Ваші прагнення - це ваші можливості». Ці прагнення передаються з покоління в покоління через волю людей, які йдуть за своїм, даним Богом, призначенням.

На мене завжди справляли враження покривала ручної роботи. Кожне з них має унікальний дизайн, дбайливо витканий майстром, який вивчив техніки та стиль з багатої історії підшивання. Так само і наше життя має унікальний дизайн, витканий ретельною Божою рукою. Бог створює наш дизайн через багату історію лідерів у нашому житті. Подібно до того, як покривало має бути не лише барвистим, але й зігрівати нас, так і ви були створені для певної мети. У вашому житті були дані «нитки», які ви будете передавати далі, щоб допомогти сформувати покривало вашого життя. Ці нитки представляють ваші інвестиції в інших. Коли ті, в кого ми інвестували, живуть за своїм призначенням, вони також інвестуватимуть у нових лідерів і допоможуть їм передати нові нитки іншим. Це процес, який передається з покоління в покоління. Наша робота як лідерів - зшивати нитки, які формують чиюсь долю.

Тато, Бейсбол і Доля

Мій батько був палким фанатом бейсболу. Його улюбленою командою була «Нью-Йорк Янкіз», а улюбленим гравцем - Міккі Мантл. Коли Міккі закликав Америку їсти пластівці «Віттіс», мій батько думав, що його герой звертається безпосередньо до нього через телевізор. Мій батько благав маму купити йому пластівці Віттіс, щоб він міг грати в бейсбол, як Номер 7. Тато не лише їв пластівці, як Міккі, але й пив шоколадну газовану воду Yoo Hoo, як Міккі, і розмовляв з південною хрипотою, як Міккі. Він навіть бігав, як Міккі, з відведеними назад плечима і розведеними в сторони руками. Згодом мій батько грав у Малій лізі, Поні-лізі та бейсбольній команді середньої школи. У нього навіть була можливість пограти з Томом Сівером, який увійшов до зали слави бейсболу, а потім став гравцем

Нью-Йорк Метс. Самі того не усвідомлюючи, «Нью-Йорк Янкіз» і Міккі Мантл плекали зерна призначення в житті мого батька: Боже бачення для батька і сина. Мій батько все життя вболівав за «Янкіз» і брав мене з собою на бейсбол.

Виростаючи в північній Каліфорнії, я хотів вболівати за «Окленд Ес», але розповіді мого батька про Міккі та «Янкіз» були занадто захоплюючими, і тому, що я хотів бути схожим на свого батька, я почав вболівати за «Янкіз».

Коли народився мій син Корі, перша річ, яку я йому купив, була бейсболка «Янкіз». Корі чув історії про Міккі Мантла та інших великих гравців, і він теж став фанатом «Янкіз». За кілька років до смерті батька ми всі троє вирушили в бейсбольну подорож. Три покоління вболівальників «Янкіз» дивилися матчі на стадіоні «Янкіз», відвідували "зал бейсбольної слави" та їздили до балтиморского району Камден-Ярдс, щоб побачити місце, де виріс Бейб Рут. Усе це сталося завдяки тому, що Міккі Мантл сказав маленькому хлопчику їсти пластівці «Wheaties». Кожного разу, коли мій батько розповідав мені історію або грав зі мною в бейсбол, він заохочував мене до того, ким я став сьогодні і залишуся до кінця своїх днів: повноцінним, завзятим, фанатом «Янкіз», який любить бейсбол на все життя. Я вболіваю за «Янкіз» не тому, що це команда «Нью-Йорк Янкіз»; я вболіваю за «Янкіз», тому що герой мого батька посадив насіння в маленького хлопчика, який передав це насіння іншому маленькому хлопчику, який зараз передає це насіння наступному поколінню.

Хто від цього виграв? Звісно, «Нью-Йорк Янкіз» заробили чимало грошей на футболках, бейсболках, квитках і плакатах, які ми купували протягом багатьох років. Але насправді виграла моя сім›я. У підлітковому віці у нас з татом ніколи не було складнощів у спілкуванні. Коли не було про що поговорити, то ми завжди могли поговорити про бейсбол. Кожне покоління в моїй родині, від батька до сина, грало в бейсбол, і ми маємо чудові спогади про сімейні дні на бейсбольному стадіоні. Подорож, яку я, мій батько і мій син здійснили, була для мене найбільшим спогадом спільного часу разом між батьком і сином.

Ці речі не просто так сталися. Я вірю, що Бог хотів, щоб моя сім›я об›єдналася і створила спогади, які залишаються на все життя. Любов мого батька до бейсболу посіяла Боже насіння стосунків між батьком і сином. Як і мій батько до мене, я теж використовую бейсбол для побудови стосунків зі своїм сином. Щоб жити іншим життям, треба бути готовим відмовитися від частини свого власного.

Дотримуючись Божого Плану Посіву

Ще на початку Бог посіяв зерна призначення в житті Авраама. Бог обрав Авраама, щоб він став батьком багатьох народів і благословенням для світу. Авраам посіяв те саме насіння у свого сина Ісаака, який посіяв обітницю в Якова. Цей процес тривав роками; і через тисячі років я несу в собі те саме насіння, коли пишу цю главу: Боже бачення того, що весь світ буде благословенний. Брайан Х›юстон з австралійської церкви «Хіллсонг» каже, що, як і в біблійні часи, зерна призначення та потенціалу передається з покоління в покоління. Бог зберіг у кожному з нас зерна призначення, яке принесе надзвичайні результати, якщо його посіяти і плекати. Це насіння, Боже бачення нашого життя, має проривні результати, якщо про нього піклуватися щодня.[1]

Коли ми думаємо про призначення, ми зазвичай думаємо про кінцевий результат. У випадку з зерном ви не можете побачити кінцевий результат відразу, але ви можете побачити ріст, який врешті-решт зробить ваше призначення реальністю. Призначення не здійснюються просто так. Ви повинні щодня шукати нові можливості, щоб допомогти тим, хто вас оточує, досягти обітниці, яку Бог призначив для їхнього життя. Можливо, ви ніколи не дізнаєтесь, як вплинув ваш внесок на їхнє життя, але ваші нащадки понесуть це насіння з собою, куди б вони не пішли.

Сіяння Насіння: Віддаючи Пошану Іншим

Як вертикальні лідери плекають насіння, яке Бог посіяв в інших? Коли ти віддаєш частину своєї слави, щоб засяяли інші, ти є вертикальним лідером. Коли я сію насіння в когось іншого і навчаю його чи її робити те саме, зерно призначення множиться. Потрібні мужність і смирення, щоб відкинути власну славу, але вертикальні лідери знаходять славу в мріях інших. Справжня сила в лідерстві приходить тоді, коли лідер, не дозволяючи гордині керувати собою, допомагає іншим досягти успіху. Щоб говорити мовою команди, потрібно вірити, що кожен відіграє свою роль і ніхто не є важливішим за іншого.

Кожна людина є унікальною і приносить цінність; мова не йде про сильну вдачу чи про те, хто отримає похвалу. Хтось колись сказав: «Дивовижно, як багато можна досягти, коли нікого не хвилює, кому дістанеться слава». Це той випадок, коли перший стає останнім, тому що комусь насправді не байдужа доля останньої людини в черзі. Це стан душі, який може прийти тільки зі стану серця.

Нещодавно я застав фініш найбільшої гонки в NASCAR: Дайтона 500. Тоні Стюарт випереджав Райана Ньюмана, і Ньюман не міг його наздогнати, якщо йому не допоможуть. Напарник Ньюмана по команді, Курт Буш, швидко наближався до нього, але замість того, щоб спробувати обігнати, він підштовхнув Ньюмана ззаду, що вивело його в лідери якраз вчасно, щоб перетнути фінішну лінію. Коли його запитали після перегонів про його перемогу, Ньюман відповів: «Я не зміг би зробити це без мого товариша по команді. Більшість хлопців ніколи б не зробили щось настільки безкорисливе, і я не можу йому достатньо віддячити». Райан Ньюман ніколи не забуде, що Курт Буш допоміг йому здійснити його мрію про перемогу на перегонах «Дайтона 500». Як ви думаєте, хто першим прийде на допомогу Курту Бушу, коли йому знадобиться допомога наступного разу? Райан Ньюман. Ось у чому сила командного духу!

Ви можете запитати, чи не повинен лідер намагатися досягти всього, що Бог має для нього чи неї? Хіба ми не повинні максимізувати свій потенціал? І так, і ні. Ми можемо досягти великих висот лише своїми силами, але коли ми допомагаємо іншим розкрити свій потенціал, від цього виграють усі. Уявіть, що ми віримо в те, що лідер є великим не завдяки тому, ким він є, а завдяки команді, яку він будує.

Коли я дивлюся на лідерів, то передусім дивлюся на армію людей, які вірять у їхню справу. Що вони вклали в інших? Коли лідери піднімають інших, вони нічого не втрачають. Лідери піднімаються вище, компанія стає сильнішою, а люди беруть на себе відповідальність за команду. Чим більше зерна призначення ви сієте, тим кращим лідером ви стаєте. Чому? Великі лідери залишають велику спадщину.

Найбільша Спадщина Мого Батька

Любов мого батька до «Янкіз» була лише невеликою частиною його життя. Хоча Міккі Мантл вплинув на любов мого батька до бейсболу, хтось менш відомий посадив набагато більше насіння в житті мого батька.

Батьки мого батька емігрували з Оклахоми під час Великої депресії, щоб знайти роботу в Каліфорнії. Вони оселилися в двокімнатній халупі на березі річки Станіслаус. Двоє з їхніх п›яти синів померли, не доживши до свого першого дня народження. Працюючи в полях і садах, мої дідусь і бабуся збирали будь-що, що виросло у той сезон. Часи були важкі, і багато днів закінчувалися розчаруванням від усвідомлення того, що постійно не вистачає. Одного спекотного літнього дня мій дідусь напився і опинився у річці. Не впоравшись із сильною течією, він потонув, залишивши мою бабусю наодинці з трьома маленькими хлопчиками, без грошей і без надії. Не знаючи, що робити, вона стала на коліна біля ліжка і пообіцяла Богові, що якщо Він допоможе їй і її дітям, то вона буде служити Йому до кінця свого життя.

Місцевий проповідник на ім›я Чарльз Сендіфер прочитав про тяжку долю бабусі в місцевій газеті і вирішив посіяти зерно призначення в житті цієї розбитої сім›ї. Він прийшов до маленької халупи, щоб допомогти молодій матері. Чарльз Сендіфер спустився до тієї маленької халупи і запевнив молоду матір, що все буде добре. Його церква оплатила похорон мого дідуся і принесла їм їжу. Проявивши особливий інтерес до трирічного сина моєї бабусі, пастор став для нього наставником. Щодня він сіяв нове зерно долі в житті мого тата. Вклади, зроблені цим добрим пастором, назавжди змінили життя мого тата.

Пізніше мій батько став служителем, який проповідував по всьому світу і вплинув на тисячі життів. Наставник мого батька бачив кожен день, як можливість сіяти в мого батька. Мій батько сіяв у мене і мою сестру, щоб ми могли слідувати своїм мріям і допомагати іншим пізнати Бога.

Це ті ж самі мрії, народжені в попередніх поколіннях, аж до Авраама і Давида. В Посланні Галатам 3:29 написано: «А якщо ви Христові, то ви є нащадками Авраама і, згідно з обітницею, — спадкоємці.”. Зараз у нашій родині є ціле покоління пасторів і лідерів, які здатні вплинути на більшу кількість людей, ніж мій батько або його наставник могли собі уявити. Авраам і Давид не знали, що зерно призначення, яке вони посіяли, зробить революцію у світі, щоб інші могли спастися. Роблячи кожен день працею над шедевром, ми сіємо крихітні зернятка, які проростатимуть з одного життя в інше, з покоління в покоління.

Ви керівник великої корпорації? Ви можете мати величезний позитивний вплив на тих, ким керуєте, плекаючи насіння, яке Бог помістив у їхнє життя. Ви батьки? Тоді вам дана унікальна можливість допомогти сформувати життя ваших дітей, відкриваючи їхні дари і таланти та спрямовуючи їх на шлях до успіху. Ви очолюєте команду служителів? Бог поклав перед вами поле з насінням, яке потрібно плекати. Приділіть хвилинку, щоб ще раз подумати про те, чию долю ви покликані зрощувати.

Догляд за Власним Грунтом

Після того, як ви визначилися, де посадити зерно призначення, наступний крок - це зрозуміти, як його посадити. Одного разу, коли я садив квіти, мені здавалося, що я все зробив правильно, ретельно засипавши землю і поклавши перегній навколо кожної рослини. Але незабаром все одно почали з›являтися бур›яни. Я спробував висмикнути бур›яни і в підсумку зробив величезний безлад на своєму доглянутому газоні. Мій друг Клейтон сказав мені, що моєю першою помилкою було те, як я посадив квіти. Якби я застелив землю плівкою, а потім посадив квіти в лунки, бур›яни не змогли б пробитися крізь неї і задушити квіти. Тепер мені доведеться саджати і класти перегній заново. Знати, як садити, так само важливо, як і знати, де садити. Коли ми саджаємо неправильно, бур›яни можуть задушити найкраще з того, що ми посадили.

Як вертикальні лідери сіють найефективніше? Вони починають з власного життя. Коли вони прагнуть найкращого від Бога, дозволяючи насінню власного призначення зростати, вони знаходяться в кращому становищі для того, щоб сіяти насіння в інших. Перш ніж будувати команди і сіяти в життя інших, вам потрібно переконатися, що ви підготували грунт у своєму житті.

Більшість дитячих служінь працюють з невеликою кількістю

працівників і залежать від волонтерів. Знайти достатню кількість волонтерів - величезний виклик. Лідери відчувають, що волонтери недостатньо кваліфіковані та мають недостатньо ресурсів, а також часто недооцінені. У своєму відчаї багато лідерів висувають такі вимоги до волонтерів:

1. Ти дихаєш
2. Ти дихаєш і в тебе стабільний пульс
3. Ти дихаєш і в тебе стабільний пульс і перевірене минуле

Якщо волонтери відповідають цим трьом вимогам, вони прийняті!

У Лейквуді ми зіткнулися з можливістю отримати 1500 додаткових дітей, коли переїхали в наш новий будинок. До переїзду у нас було 330 волонтерів. Щоб прийняти, 4000 дітей, нам потрібно було набрати приблизно 700 волонтерів за 12 місяців. Не знаю як ви, але я ніколи раніше не робив цього в жодній команді за все своє служіння. Навіть приблизно я не знав, як ми це зробимо. Я ніколи не бачив, щоб це робилося в інших командах дитячого служіння, але я знав, що дітей нам не дадуть, якщо ми не відповімо на цей безпрецедентний виклик. Перше, що я відчув, це страх. Потрібно було сильно змінюватися і викладати таке величезне бачення, що я, чесно кажучи, не був упевнений, як це могло статися. Мені потрібно було доглядати ґрунт власного серця. Перш ніж я міг заохотити інших побачити Боже бачення, мені потрібно було побачити його самому.

Оскільки я вважаю, що страх ніколи не повинен утримувати мене від найкращого, що Бог має для мене, я почав цитувати 2 Тимофія 1:7 "Адже Бог не дав нам духа страху, але духа сили, любові й розсудливості". Я мав отримати Боже мислення, а не мати розум Крейга. Забагато разів ми дозволяємо нашому розуму визначати результат, хоча Бог вже все вирішив. Бог вже знає, що Він може це зробити; Він просто чекає, поки ми вирішимо, що Він може це зробити. Ми повинні включити вмикач, щоб освітити наше мислення. Тож я почав думати про те, наскільки великий Бог. Я відвернув свою увагу від своєї проблеми й подумав про те, як Бог дивиться на людей. Я уявив, як Бог створює зірки, кожна з яких унікальна та сповнена сили та потенціалу. Я розмірковував про те, що Бог створив кожну людину як творчого, обдарованого, талановитого чемпіона. Якщо Бог дивиться на мене таким чином, то я повинен передати це бачення нашій команді.

Коли ми розмірковуємо про те, як Бог дивиться на людей і дивимося на світ з Його точки зору, ми вириваємо бур'яни, які заглушають усе те можливе що може статись. Я позбувся бур›янів. Коли моє серце було готове, я зміг посіяти зерно призначення в інших. Світло не може засвітитися в житті іншої людини, поки хтось не клацне вмикач. Ми повинні запитати себе, скільки вмикачів ми можемо включити сьогодні.

Висаджування Насіння

На першій зустрічі команди Kidslife я почав говорити про ці вертикальні думки нашим керівникам. Я будував своїх лідерів, вони почали заохочуватись, надихатись і були готові підкорити світ. Я навіть не підозрював, що коли я будував в них, Бог будував мене. Насправді я був шокований, як і будь-хто в кімнаті, коли сказав ось це: «Завдяки дивовижній команді, яку Бог зібрав, і з Божою допомогою ми збираємося найняти та навчити 670 нових лідерів для загальної кількості 1000 лідерів, перш ніж ми переїдемо в нову будівлю». У кімнаті запанувала тиша. Можна було подумати, що хтось танцював нагим на сцені. Хтось засміявся, хтось плескав, а хтось лише хитав головою. Я бачив декілька з них прошепотіли, НАСТУПНОГО РОКУ?! Я раптом зрозумів, що більшість із них відчували, що цього не може статися.

У той момент я зіткнувся з критичним рішенням, з яким стикаються всі вертикальні лідери, які дивляться на речі з точки зору Бога: якщо у вас немає підтримки тих, кого ви очолюєте, чи відповідаєте ви реагуєте на натовп, чи ви продовжуєте слідувати за баченням? Вертикальні лідери продовжують збудовуватись, навіть коли здається, що навколо них все валиться. Якщо ви шукаєте чийсь штамп "схвалено", підтвердження, яке ви шукаєте, може не коштувати вартості штампа. Ви вже схвалені Богом!

Я б краще вважався оптимістом і безглуздим, ніж песимістом і розумним. Як вертикальний лідер, ваша робота — допомогти своїй команді повірити, що Бог може це зробити. У той момент мені потрібно було плекати ту велич, яка вже була в моїй команді. Бог уже заклав у них здатність виконувати те, що здавалося нездійсненним завданням.

Нашим першим кроком було розробити план втілення бачення в реальність. Ми почали з навчання лідерів, як перестати здаватися відчайдушними під час набору персоналу. Ніхто не хоче приєднуватися до відчаю; всі хочуть приєднатися до досконалості. Тож навіть якщо ми ще не були одним із найкращих дитячих служінь у країні, ми представляли бачення досконалості. Ми збиралися дивитися на Kidslife як на церкву в церкві, переплетену з серцем і баченням пастора Джоела та Лейквуда.

Першим відділом, який ми хотіли створити в Kidslife, був власний відділ кадрів. Ми створили команду, єдиною метою якої було залучення нових людей на постійній основі для роботи з керівниками команд у кожній сфері. Ми організували пункти набору по всій Церкві з кампанією, спрямованою на те що працівники це герої для дітей у церкві Лейквуд. Ми розробили програми-заохочення, щоб надихнути наших лідерів говорити зі своїми друзями про Kidslife.

Запустивши програму Teen life для навчання молодих людей лідерству, нам вдалося залучити понад 200 підлітків у перший рік. Коли через рік ми переїхали в нову будівлю, ми провели першу зустріч із понад 800 волонтерами. За один рік ми зібрали команду з понад 1000 волонтерів Kids life; і коли двері нової церкви Лейквуда відкрилися, відвідуваність нашої Kidslife зросла на 1500 дітей. Ми зробили неймовірне, а Бог зробив неможливе!

Завдяки цьому досвіду я та інші волонтери не ходимо в страху. Насправді, ми сприймаємо неможливе як ще один виклик, який потрібно вирішити, знаючи бачення Бога, розуміючи Його план і наполегливо працюючи, щоб його здійснити. Усе це почалося після того, як я обробляв ґрунт власного страху і почав дивитися на завдання Божим баченням, а не своїм власним.

Знай Хто Ти Є

Крім догляду за власною землею, вам також потрібно зрозуміти, ким вас створив Бог. Лідерство полягає в тому, щоб знати, хто ти є, не захищаючись від того, ким ти не є. Незважаючи на ваші дари та здібності, ви ніколи не можете бути всім для всіх.

Рік Уоррен каже, що якщо ви не вирішите, хто ви, це зробить хтось інший.[2] У Бога є план для Вашого життя, але й у всіх інших. Вертикальні лідери не говорять комусь, ким він чи вона має бути; вони показують комусь, ким він чи вона може бути. У кожного Лідера є одна головна мета: зробити «команду» справою номер один. Ви не зможете створити чудову команду, якщо не будете готові довіряти їм. Ваша команда ніколи не виконає своє призначення, дане Богом, якщо кожен лідер цілеспрямовано не протягне руку допомоги іншим знайти своє призначення.

Олівер Венделл Холмс одного разу сказав: «те, що було позаду нас, і те, що чекає нас попереду, - дрібниці в порівнянні з тим, що живе всередині нас». Ви-дитя Всевишнього Бога. Вам вже визначено життя, повне перемог; все, що вам потрібно зробити, це повірити і стати ініціатором своєї долі. Ви можете почути, як люди кажуть: «я вже зробив занадто багато помилок і не впевнений, що зможу продовжити цю спадщину». Однак пам›ятайте, що те, на що людині потрібно сто років, Бог може зробити за частку секунди.

Бог прискорить цей процес, коли ви захочете щось змінити. Створюючи лідерів, ви прокладаєте шлях для тих, кого ви ведете, щоб вони виходили і робили те, для чого вони були народжені. Те, що ви виховуєте в інших, може змінити хід історії, тому що лідери, яких ви надихнули, будуть творити історію.

Погляд З Окопів Вгору

Санні Майлз Волонтер з Лейквуду

Коли я розмірковую про останні кілька років і думаю про всіх великих лідерів, яких Бог помістив у моє життя, моє серце переповнюється, а очі наповнюються сльозами. Я вірю, що ці лідери були надані мені з метою допомогти мені знайти покликання, для якого я ніколи не вірив, що я був достатньо хорошим.

Я зустрів пастора Крейга, коли мені було 20 років. Я приїхав до Х'юстона, щоб допомогти моїм близьким друзям Клейтону та Ешлі переїхати та пофарбувати їхній новий будинок. Пастор Крейг прийшов з подарунком для Ешлі на новосілля/день народження:

кактус! Говорячи про іронію. Під час нашого візиту він посіяв зерно призначення, яке в кінцевому підсумку дало паростки для здійснення моєї мрії. Він сказав мені: «Зараз саме час бігти за Богом з усім, що у тебе є. Ти молодий, не одружений, у тебе немає дітей... настав час! Біжи за Богом, і він тебе не розчарує!» Я ніколи не забуду ці слова.

Минуло кілька років, і тоді мені зателефонувала Ешлі про стажування в Лейквуді. Після довгих молитов я зрозумів, що Бог кличе мене в Х›юстон. Коли я побіг за Богом, моє життя позитивно перевернулося з ніг на голову, і моє мислення перевернулося щодо того, як займатися служінням!

Коли я починав стажування, я чув такі фрази, як: «ти отримаєш із цього те, що вкладеш », «Ти пожнеш те, що посієш» і «Коли ти справді вкладаєш у щось своє серце, Бог відплатить у 100 разів більше». Під керівництвом пастора Крейга я так сильно виріс! Я навчився керувати своєю командою як пастир і любити їх так, як любить Бог. Я дізнався про небезпеки лідерства та спокуси, які диявол використовує, щоб збити вас з пантелику, а також про те, як боротися з цими спокусами. Я виріс у мистецтві цілеспрямованого ведення: те, ким ти є, ти те й робитимеш, і ми повинні не тільки сформулювати бачення, але й вміти втілити його в життя.

Моє лідерське мислення змінилося з усвідомленням того, що ми повинні будувати людей, а не програми. Бог будує людей. Мені подобається девіз Kidslife: «Це процес», і він допоміг мені у багатьох розчаруваннях. Бути частиною початкових етапів Kidslife і спостерігати, як Бог піднімає різні речі з нуля, було таким неймовірним досвідом, який допоміг мені повірити в процес і в те, що з Богом дійсно все можливо. Коли ми віддаємо трохи того що в нас є, Бог дає багато! Він візьме наше природне і зробить це надприродним! Те, що пастор Крейг сказав мені кілька разів, що полегшує тиск служіння: «Звідки ти знаєш, що Бог все контролює? Тому що ти ні про що не хвилюєшся».

У мене точно були виклики. Але оскільки Бог оточив мене такою кількістю вертикальних лідерів, коли я впав, я зміг піднятися і йти вперед. Керівна команда підтримувала мене на високому рівні, і в той же час дозволяла мені не бути ідеальним. Я засвоїв цінний урок недоліків, любові до свого керівництва та Божої сили.

Пастор Крейг дає зрозуміти, що ви – сім'я! Команда Kidslife - це сім›я! Незважаючи на те, що я більше не в команді Kidslife, я все ще відчуваю себе частиною цієї сім'ї. Ми відчули життя разом! Ми разом сміялися і плакали, переживали тріумфи і душевний біль, ми щиро молилися і підбадьорювали одне одного. Наша команда створила місце, де вам не потрібно було приховувати проблеми чи занепокоєння. Ми допомагали одне одному і мали середовище, яке задовольняло як духовні, так і фізичні потреби одне одного. Коли я закінчив два роки стажування в церкві Лейквуд,

Мені дали можливість «відрізати мотузку мого човна від причалу» і піднятися на власних орлиних крилах, щоб стати дитячим пастором у Скоттсдейлі, штат Арізона (звідси іронія кактуса 5 років тому). І хоча мені було важко залишати Kidslife», я знав, що зерно призначення, яке було посіяне в мені, почало приносити плоди! Настала моя черга посіяти це зерно наступному поколінні. Час підбадьорювати членів моєї команди та вірити в те, що Бог робить великі справи! Покидаючи Лейквуд, я згадав те, чого навчився від пастора Крейга: справа ніколи не в мені і тому, що я можу зробити або досягти, а в тому, що моя команда — через Бога і тільки через Бога — може зробити разом. Він завжди казав нам, що ви сильні настільки, наскільки сильна ваша команда, і що мета ніколи не важливіша за людей. Пастор Крейг міг обійти церкву з 40 000 людей, вітаючись майже з кожним по імені. Він завжди пам'ятав наші недавні розмови і заохочував нас також звернути увагу на нашу команду. Він ставив важкі запитання і ніколи не боявся сказати вам те, що, на його думку, казав Бог. Він особистий і щирий. Він справжній.

і чутливий. Я дякую Богу за пастора Крейга і за багато зерен, які він посіяв у моєму серці, як лідер і як друг.

Він щирий

ПРАКТИЧНІ ЗАВДАННЯ

1. Як усвідомлення того, що в кожній людині закладено зерно призначення, впливає на те, як ви дивитеся на тих, кого покликані вести за собою?
2. Складіть список людей, які справили на вас величезний вплив, і опишіть, як це сталося.
3. Чи можете ви описати себе як людину, яка легко віддає славу

іншим, чи як людину, яка шукає власної слави? Як ви гадаєте, чому це так?

4. Визначте, яку спадщину ви хочете передати своїй команді, і розробіть план її реалізації.
5. Чи прагнете ви найкращих речей які може дати Бог у своєму житті? Які зміни ви можете зробити цього тижня, щоб побачити реальність з Божої точки зору, а не з власної?
6. Які таланти/дарування були закладені у вас, які формують вашу особистість як лідера?
7. Складіть список членів команди, яку ви зараз очолюєте. Вкажіть по одному таланту/дару кожного члена команди і визначте, що ви можете зробити протягом наступного місяця, щоб заохотити цей талант/ дар.

Примітка

1. Браян Хюстон, Як процвітати у житті? (Австралія: Максимізоване лідерство, 2003), с. 7.
2. Рік Воррен, "Основи лідерства," проповідь, виголошена у 2005 році.

4
Вплив Натхнення

Підпис це унікальний ідентифікатор, який свідчить про те, що ви були там і залишили свій слід. Коли ти позитивно впливаєш на людей, це ніби підписуєшся на їхніх серцях.

У фільмі «Чудесний магазин містера Магоріума» молодий учень Махоні працює на містера Магоріума в магазині магічних іграшок. Зіткнувшись із неминучою смертю, містер Магоріум має намір залишити магазин Махоні, щоб вона могла продовжувати надихати дітей, які потрапляють у його чарівний світ. Махоні, який хоче стати великим композитором, не хоче мати нічого спільного з управлінням магазином іграшок.

Протягом усього фільму містер Магоріум знаходить творчі способи показати Махоні, що їй ще належить створити свій найбільший шедевр: життя. Подібно до того, як книжка нічого не варта, якщо її не прочитати, магазин іграшок нічого не вартий, якщо в неї не вірять. Оскільки впевненість Махоні втрачає, Магоріум говорить глибоку істину: «Життя — це нагода, витримайте її». Махоні розуміє, що їй потрібна віра в себе, щоб повернути чарівну крамницю до життя. Життя та ентузіазм містера Магоріума допомогли їй повірити та стати тим, ким вона мала бути.

Лідерство як приклад особистого життя

Ви коли-небудь зустрічали натхненного лідера, який жив і дихав кожним сказаним словом і жив кожним наданим мандатом? Можливо, ви спостерігали, як лідер ризикує тим, у кого ніхто інший не вірив, і стаються чудові речі. Або, можливо, лідер із рентгенівським зором побачив у вас те, чого ніхто інший не міг. Оскільки їхні дії та слова були послідовними, ви отримали натхнення зробити більше, ніж вважали можливим.

Ви там, де ви є сьогодні, тому що хтось кинув вам виклик піднятися вище, ніж ви стояли. Навчили стояти не пласкостопими, а навшпиньках. Вони вчили вас стрибати якнайвище, а якщо цього було недостатньо добре, вони ставали на руки й коліна, щоб ви могли стояти на їхніх спинах, щоб досягти своєї мрії. Вони ніколи не кидали і не казали, що це надто важко, і ніколи не втрачали надії, тому що вони дивилися на речі з точки зору Бога. Перебуваючи у в'язниці за те, що навчав інших, як пережити найкраще від Бога, апостол Павло міг знайти багато причин скаржитися і відмовитися від своєї місії. Але Павло зрозумів секрет життя натхненного лідера: вертикальне мислення.

У листі до своїх друзів у Філіпах він писав:

> Умію жити і в нестатках, умію жити і в достатку. Звик до всього і в усьому: і насичуватися, і голодувати, мати достаток і терпіти нестаток. Усе можу в Тому, Хто мене зміцнює, — [в Ісусі Христі]. (Филип'ян 4:12-13)

Як натхненний лідер, Павло дивився вгору, щоб знайти необхідну силу, а потім простягнув руку, щоб надихнути інших. Його життя і слова були послідовними; він закликав інших шукати допомоги, і прожив своє життя як той, хто вірив у те, що він говорив. У в'язниці багато охоронців пізнали Божу любов, тому що Павло не міг не надихати інших. Коли життя подарувало йому тюремну камеру, він перетворив її на церкву! Натхненні лідери несуть вагу для мас, тому що вони усвідомлюють, що Бог несе їх. Особисто я пам'ятаю, що один із перших випадків, коли я отримав натхнення, стався через лідера, який вплинув на мільйони.

Мрія, Яка Ніколи Не Вмирає

У 1976 році мій учитель історії познайомив наш клас з доктором Мартіном Лютером Кінгом-молодшим. Відповідно до демографічних показників переважно кавказького сусідства, у нашій школі не було афроамериканських учнів. Особисто я нічого не знав про расизм і сегрегацію. Проте, коли наш клас слухав промову доктора Кінга на Меморіалі Лінкольна, мої очі відкрилися на тягар, який несли інші роками. Я подивився на свого друга, чия родина походила з Центральної Америки, і зрозумів, що він відчуває таку саму нерівність, як і доктор Кінг. Я ледве стримував емоції, коли почув, як доктор Кінг проголошує:

> Я кажу вам сьогодні, мої друзі, навіть якщо ми стикаємося з труднощами сьогоднішнього чи завтрашнього дня, я все ще маю мрію. Це мрія, глибоко вкорінена в американську мрію. У мене є мрія про те, що одного дня ця нація підніметься і заживе справжнього значення свого кредо. Ми вважаємо ці істини самоочевидними: усі люди створені рівними. Мені сьогодні сниться сон.[1]

Прослухавши промову з крещендо «нарешті вільні, нарешті вільні, слава Всемогутньому Богу, ми нарешті вільні», я подивився на свободу зовсім по-новому. Доктор Кінг надихнув мене по-іншому дивитися на свого друга та на себе. Це були не тільки палкі слова, а й життя, яке він прожив. Мені було зрозуміло, що б не сталося, доктор Кінг продовжить свою мрію. І мене надихнуло здійснити цю мрію разом з ним.

Через кілька місяців до громади переїхала нова сім'я з самотньою матір'ю, яка усиновила сина-афроамериканця, сина-китайця та доньку європеоїдної раси. Сказати, що їхня сім'я була незвичайною в нашому місті – нічого не сказати! Я запросив старшого сина пограти в бейсбол, і ми швидко стали найкращими друзями. Протягом багатьох років його сім'я зазнавала упереджень і критики, але моя дружба з Девідом ніколи не слабшала. Завдяки насінню, яке посіяв доктор Кінг, наші стосунки базувалися не на кольорі нашої шкіри, а радше на «змісті нашого характеру». Доктор Кінг надихнув мене зробити рентгенівський зір і побачити, ким насправді був Давид.

Чи хочете ви, щоб ваше життя було агентом змін, надихаючи інших стати тими, ким їх створив Бог? Бог дав вам ресурси, необхідні для життя, яке відповідає вашим переконанням. Ти можеш усе через Того, Хто зміцнює тебе.

Натхнення до Перетворення

Натхнення, коли діє на нього, призводить до трансформації. Ваші мотиви як лідера впливають на трансформацію, яка відбувається. Якщо вас мотивує власна слава, успіх буде в кращому випадку тимчасовим; але коли мотивує любов, успіх гарантований. Те, що керує вертикальним лідером, — це не відповідь, яку можуть викликати його вчинки, а любов, яка дозволяє словом підбадьорювати. Доктор Кінг писав: «Влада у своїй найкращій формі — це любов, яка виконує вимоги справедливості. Справедливість у своїй найкращій формі — це любов, яка виправляє все, що протистоїть любові"[2]. Чому хтось повинен робити все можливе, щоб виправити кривду противника або зцілити душу незнайомця? Ми були створені, щоб стояти на стороні любові та допомагати іншим стати тим, що Бог має для них. Коли ми знаємо, яку любов Бог має до нас, ми отримуємо силу виходити та надихати інших.

У всій Біблії Божа любов спонукає найбільш малоймовірних людей стати агентами змін. Жінка-ізгой, яка набрала води з колодязя, стала першою місіонером. Дії та слова Ісуса показали їй, що її прийняли та любили. Вражена, вона надихнулася поділитися з іншими. Багато хто увірував у Нього через її свідчення (див. Івана 4).

Неемія, виночерпій царя, розумів, що він незамінний. Його робота включала куштування королівської їжі, щоб захистити короля від отрути. Хоча культура не цінувала його, Бог використав його, щоб надихнути свій народ відбудувати місто, яке зруйнувалось. Його любов до Бога і бажання побачити відновлення Божої слави надихали інших. І місто, і народ Ізраїлю були перетворені через спонукання Неемії догоджати Богові, роблячи те, що здавалося неможливим (див. Неем. 1–6).

Любов і рішуча віра можуть змінити життя.

Віра, Надія та Любов Можуть Змінити Життя

Моя сестра народилася з рідкісним недоліком під назвою скелетна дисплазія. У неї не було колінних чашечок, і її ноги не могли згинатися вниз. Вона фактично могла торкнутися чола пальцями ніг, тому що її ноги зігнуті назад. Лікарі дали їй 99 відсотків шансів ніколи не ходити. Її вивчали та тестували, як морську свинку, в надії знайти ліки. Вона перенесла кілька операцій, кожна з яких починалася з надією і закінчувалася розчаруванням, оскільки можливість ходити ставала все менш імовірною. Одного разу лікар здався і сказав моїм батькам, що вона ніколи не буде ходити. Того ж вечора мій батько мав виступати в церкві.

Спустошені, мої батьки почали довгу дорогу додому, але батько здався. Глибоко ображений, він сказав моїй мамі, що йому не вистачає віри піднятися туди й сказати іншим вірити. Мій батько планував сказати пастору, що він відходить від служіння. Моя мама слухала і мовчки почала молитися.

Коли вони прибули до церкви й пройшли центральним проходом, мій тато відчув, як його потягли за куртку. Він подивився вниз і побачив маленьку дівчинку, яка простягла йому записку і сказала: «Бог сказав мені дати це тобі». Він узяв записку й продовжив крок до платформи, щоб сказати міністру, що закінчив. Саме тоді, коли він нахилився, щоб поговорити з пастором, він відчув, як Бог каже йому прочитати записку. Неохоче він заліз у кишеню й прочитав: "А мій Бог, згідно зі Своїм багатством, нехай задовольнить усяку вашу потребу — у славі, в Ісусі Христі." (Флп. 4:19). Щось сталося в ту мить — віра дитини, надія, виражена в цих словах, і нагадування про велику любов Бога переповнили мого батька. Того вечора він спонтанно пішов проповідувати про «віру маленької дитини». Натхненний лідер розміром з півлітра навчив мого батька ніколи не переставати вірити заради моєї сестри.

Через шість місяців моя сестра вперше підвелася з дивану і встала. Через кілька місяців вона зробила перші кроки, і сьогодні моя сестра – досвідчений музикант і музичний керівник. Вона грає на піаніно та органі ногами, які ніколи не повинні були дістати до педалей. Щотижня вона гуляє через Костко, її улюблений магазин, на двох ногах, які, за словами лікарів, ніколи не працюватимуть. Бог використав несподіваного та натхненного лідера, щоб заохотити моїх батьків ніколи не здаватися!

Очікування Найкращого Від Бога

Надихнути - означає торкнутися уявою того, що може бути. Відомо, що футбольний тренер коледжу із Залу слави Лу Хольц сказав: «Щоб отримати перемогу, не обов'язково бути найкращою командою в країні; Ви просто повинні бути найкращою командою на стадіоні». Треба вірити в краще. Уява розвивається з наших очікувань: натхненний лідер очікує найкращого від Бога. Як ми починаємо очікувати найкращого від Бога? Наші очікування розвиваються з нашого ставлення та наших дій. Надихаюче лідерство є проявом життя, повного надії, глибоко закладеного в тканину системи вірувань. Коли ми розвинемо ставлення до того, що Бог більш ніж здатний зробити те, про що ми просимо, ми можемо почати уявляти можливості. Коли ми робимо кроки назустріч можливостям, наші дії зміцнюють наші очікування, і наш характер починає змінюватися. Спочатку мій батько не бачив жодної надії на стан моєї сестри, і його дії посилили його розчарування. Коли маленька дівчинка дала йому записку, його ставлення почало змінюватися, і він посилив цю зміну, говорячи про віру. Акт проповідування почав формувати його характер: характер надії. Томас Фуллер писав: «Керуйте своїм життям і думками так, ніби весь світ бачить одне, а читає інше». Натхненний лідер – це той, хто усвідомлює, що на інших впливає не лише наша поведінка, але й наші внутрішні мотиви. Наша уява та очікування є вирішальною силою впливу на інших. Коли ви вірите, що надія є за кожним кутом, інші також почнуть вірити. Ми, як правило, хочемо дати людям коротку фразу, глибоку цитату чи протиотруту від того, що їх турбує, замість того, щоб інвестувати в те, щоб стати зразком, якому вони можуть наслідувати.

Модель Надії

Тоні Камполо розповідає історію у своїй книзі Все, що ви коли-небудь чули, є невірно про п'яницю, який покаявся на місії для бездомних.[3] Джо, здавалося, не мав жодної надії, але все змінилося після його навернення. Джо став найтурботнішою людиною в місії, проводячи дні, роблячи все, що потрібно. Джо робив те, що просили, з усмішкою на обличчі та вдячністю за можливість допомогти, незалежно від того, прибирав це блювоту чи мив туалети. На нього можна було розраховувати, що він нагодує слабких чоловіків, які заблукали на місію, і роздягне й укладе в ліжко тих, хто не в змозі подбати про себе.

Одного вечора, коли режисер виголошував євангелізаційне послання натовпу похмурих чоловіків, один зійшов до проходу й став на коліна, щоб помолитися, благаючи Бога допомогти йому змінитися. П'яний весь час кричав: «О, Боже, зроби мене таким, як Джо! О, Боже, зроби мене таким, як Джо!»

Директор місії нахилився, кажучи: "Сину, було б краще, якби ти помолився: 'Зроби мене, таким як Ісус' " Чоловік підвів очі й запитав: "Він схожий на Джо?" Бог дав кожному з нас здатність бути натхненним лідером. Джо не потрібно було носити хрест чи писати книгу, щоб бути натхненним лідером. Це випливало з того, ким він став. Таке натхнення може випливати і з нас, але нам потрібно проявити ініціативу. Люди шукають лідерів, щоб показати їм новий спосіб життя. Можливо, ми не можемо змінити чиюсь ситуацію, але ми можемо змінити їхні очікування.

Коли ми розпочали наш перший рік у Лейквуді, я знав, що нам потрібно розставити пріоритети. Усвідомлюючи, що інколи волонтерське служіння здається скоріше роботою, ніж чудовим досвідом, я сказав нашим лідерам, що у нас немає іншого такого важливого ресурсу, як наші волонтери. Багато хто працює повний робочий день, а потім витрачає на служіння до 10 годин на тиждень. Ми не хочемо, щоб вони відчували себе як номер; ми хочемо, щоб вони відчували себе співавторами.

Вони мали відчути себе не ще одним теплим тілом, а незамінним скарбом. Ми почали частіше брати участь у зустрічах нашої команди, щоб надихнути наших лідерів. Замість того, щоб подавати кілька закусок і говорити нашим лідерам працювати трохи більше, ми створили тематичні зустрічі на основі ресурсів, які у нас були. Ми прикрасили сцену та столи та залучили живий оркестр для богослужіння. Ми створили відео, в яких розповідаємо про те, наскільки важливий для нас кожен член команди. Коли ми могли собі це дозволити, ми подавали десерти чи страви. Ми провели церемонію нагородження лідерів, які були номіновані за демонстрацію лідерства як слуги. У нас було повідомлення, покликане підбадьорити, надихнути їх не лише на служіння, але й на особисте життя.

Дуже часто, як лідери, ми концентруємося на завданні, а не на інвестиціях. Більшість людей не надихаються завданнями; їх надихає переміни. Коли вони знають, що роблять зміни, і бачать результати, ви отримаєте довгострокових воїнів замість короткострокових працівників. Незалежно від того, налічує ваша команда 10 чи 1000 осіб, принцип однаковий: ваша команда є пріоритетом. Ми маємо величезну кількість відвідувачів на зустрічах нашої команди, тому що вони знають, що їх надихнуть, і вони знають, що їх шануватимуть і цінуватимуть. Одного разу волонтер мені каже: "Пасторе Крейг, вам не потрібно було всього цього робити. Дуже вам дякую." Перестаньте робити тільки те, що ви повинні робити, і почніть робити те, що вам не потрібно робити. Коли ви чуєте, як люди кажуть, "Тобі не потрібно було цього робити," ви знаєте, що ви робите те маленьке, що має величезне значення. Вони цінують це, тому що вам не потрібно було цього робити, але ви це зробили, тому що вони важливі.

Натхнення В Труднощах

Кевін Лоу, перспективний баскетболіст з Каліфорнії зростом шість футів десять, народився з лівою рукою, яка закінчувалася в лікті. Коли Лауе народився, пуповина була двічі обмотана навколо його шиї, а ліва рука була затиснута між ними. Кровообіг у його руці був перерваний, що загальмувало її ріст, але її положення дозволяло крові досягати мозку. "Я думаю, що мені дуже пощастило," Лоу сказав "Моя рука врятувала мені життя." Більшість людей не подумає про це таким чином. Вони б думали про втрату, а не про виграш.

Батьки Лоуа не пестили його. Йому купили кросівки на шнурках і штани на гудзиках. Вони записали його в Малу Лігу, де він розмахував битою, як молотком для поло. Коли інші діти були жорстокими, Лауе вдавався до гумору. Коли мати попросила його помити руки перед обідом, він сказав, що це не вихід.

Лоу був виключений зі своєї баскетбольної команди сьомого класу, але він виріс до шести футів десять і став університетом у середній школі. Він міг кинути м'яч правою рукою і використовувати коротку ліву руку, щоб стиснути м'яч. Його світогляд надихав його тренерів, батьків і друзів. Він керував вертикально, не дозволяючи тому, чого не мав, перешкоджати йому. Його тренер сказав: "Він дивовижний хлопець, якого кожен повинен зустріти хоча б раз.” Лоуа взяли грати в першу дивізію баскетболу в Університеті Манхеттена.

Це те, що називається божественним натхненням. Кевін знав, що якщо ви не можете змінити обставини, ви можете змінити свою точку зору. Зовнішня сторона може бути змінена світоглядом. Ми можемо дозволити нашим шрамам нагадувати нам про те, як сильно це болить, або ми можемо дозволити нашим шрамам нагадувати нам про те, скільки ми подолали. Я грав у футбол у школі на перерві і вийшов на довгий пас. Ось-ось пролунав дзвінок, тож це була остання гра в грі, і гра була нічиєю. На футбольній перерві зайвих очок не було. Тож я пішов глибоко, і захисник закинув довгий пас у кінцеву зону. Підбігши, щоб наздогнати м’яч, я простягнув руки й зловив пас кінчиками пальців. Тачдаун! Коли я піймав перевал, я не усвідомлював, наскільки близько я був до огорожі, і дріт з огорожі зачепив мене просто над оком і розірвав шкіру. Кров текла по моєму обличчю, але мені було байдуже, тому що я зловив пас і забив тачдаун. Кілька днів після того, коли люди бачили шрам, вони запитували, “Це не боляче?”Моя реакція була, “Так, було боляче, але хоч я був у нокдауні, я тримався за м’яч!”

Ви ходите, приховуючи свої шрами, тому що соромитеся бути жертвою, чи говорите людям, що, можливо, потрапили в нокдаун, але ви втримали м’яч і відразу піднялися? Це різниця між тим, бути жертвою чи переможцем. Важливо жити цим прикладом перед нашими командами, друзями та родиною.

Пошук Натхнення

Виховувати лідерів, які знають, що віра може змусити сліпих прозріти, є величезна сила, навіть коли зір неможливий. Ми бачимо не очима, а своїми переконаннями, думками та бажанням жити натхненним життям.

Лідери постійно відчувають потребу в натхненні. Вони розвивають компанію лише для того, щоб бути злитими в процесі. Вони забувають слухати музику, яка їх надихає. Не маючи натхнення, ми забуваємо зосередитися на тому, що допомогло нам розвинути бізнес або міністерство до рівня, якого вони досягли. Цікаво, як часто люди досягають результатів, але не відчувають натхнення від лідерів, на яких вони працюють. Ви щодня ходите на роботу з важливою посадою, але відчуваєте себе неважливим для свого боса. Можливо, ваш керівник зосереджується на тому, що рухає його чи її пристрастю, і ніколи не запитує, що таке ваша пристрасть. Або, можливо, ви пастор чи керівник, який не пам'ятає, коли востаннє хтось знайшов час, щоб надихнути вас.

Ви витрачаєте час на віддавання, і ви бажаєте, щоб хтось.

Від генерального директора до стажера, кожен член команди повинен відчувати натхнення, щоб рухати компанію вище. Кожен у команді має шукати можливості підняти один одного на вищий рівень. Ви стаєте тим, що практикуєте. Натхнення рідко просто впаде з неба.

Моє натхнення починається з віри в Бога. Я знаю, що Бог піклується про всіх, а не лише про мене, тому щодня я прошу Бога про те, як я можу підняти когось іншого на вищий рівень. Коли я віддаю свої почуття в руки Бога, Він зустрічає мене і любить мене, незалежно від того, чи маю я надію чи зневіру, гнів чи любов. Він зміцнює мене любити інших, незалежно від того, що я відчуваю.

Часто ті, кого я надихаю, повертаються за це. Я проводжу час з людьми, які вмовляють у мої думки життя, а не смерть. Бути чесним і розповідати іншим, коли мені потрібно отримати натхнення, звільняє інших також бути чесними.

Я не лише оточую себе тими, хто мене надихає, але й відвідую місця, які розпалюють мою уяву. Оскільки я працюю з дітьми, купив абонемент в Діснейленд. У свій вихідний я ходив до одного з парків, щоб подивитися, як вони будують сцену або монтують відео. Це допомогло мені повірити, що ми можемо створити щось такої якості. Просто атмосфера змусила мене відчути, що я знову можу мріяти. В Kidslife в Лейквуді ви можете побачити приклади цього натхнення в наших постановках, естетику та відчуття загальної програми. Репортер х'юстонського 11-го каналу назвав Kidslife «Божим Діснейлендом». Прогулянки по парках надихнули мене на думки про те, що могло б бути.

Яке середовище чи обстановка збуджує вашу уяву та підживлює ваш дух? Кожному потрібне своє місце натхнення. Будь то церква, друг, конференція чи тематичний парк, спробуйте знайти те, що вас надихає. Ви можете стати творчим аналітичним центром і знайти способи надихнути тих, ким керуєте. Ви можете створювати натхненних лідерів або лідерів, термін дії яких закінчився; вибір за вами. Коли я приїхав до Лейквуда як дитячий пастор, я думав, що збираюся надихнути сім'ї. Я навіть не підозрював, що надихатиметься моя родина. Невдовзі після того, як ми приїхали, ми помітили зміни у нашій 18-місячній дитині Конноpі. Спочатку він був чуйним, дивився очима, плескав у долоні і навіть казав «мама» і «тато». Але відразу після його другого дня народження ми помітили, як він по кілька хвилин дивився в одну точку. Він перестав дивитися в очі і став менш чуйним на нас.

Коли він говорив, то лише повторював те, що ми говорили, і ніколи не грався з іншими дітьми. Коннор не міг сказати нам, чого він хоче або що відчуває. Я хотіла сказати йому, що люблю його, але коли я обіймала його або дивилася йому в обличчя, він відводив погляд. Немає нічого важчого, ніж не мати можливості емоційно зв'язатися зі своєю дитиною. Ми були спустошені, коли почули, що від аутизму не можна лікуватись, і існує 99-відсоткова ймовірність, що Коннор буде таким до кінця свого життя.

Я прийшов до нової церкви і наглядав за великою командою співробітників і волонтерів. Я намагався надихнути їх, і всередині мені було так боляче. Я не знав, чи зможу бути лідером у служінні, яким мав бути, коли відчував себе таким безпорадним. Проте щотижня я чув, як пастор Джоел казав мені, що в цьому всьому ми перемагаємо Тим, Хто нас полюбив; Я голова, а не хвіст; Я вмію досягати успіху; Я сильний у Господі; Я переможець, а не жертва. Саме ті постійні слова надії заповнили порожнечу моїх щоденних думок. Поступово моя безнадія почала зникати, і мій Бог почав з'являтися. Він був поруч весь час, але тепер я дозволив Йому проникнути в мої обставини. Моя точка зору змінилася, і я говорив слова натхнення щоразу, коли падав, щоразу, коли моя дружина плакала, і щоразу, коли я відчував, що не можу дихати, бо життя було таким важким.

Хоча ми добре уявляли симптоми Коннора, у нас ніколи не було професійного діагнозу. Коннор пройшов обстеження в дитячій лікарні, і я їхав додому, коли мені подзвонила дружина. Коннор був у спектрі аутизму між помірним і крайнім. Я відчував, як ворог говорить слова розпачу: Ваш син стане іншим; ти ніколи не зв›яжешся з сином; він завжди буде в дефіциті. Я натиснув на газ у своїй машині, помчав додому, побіг нагору в його спальню і підхопив його, сказавши: «Коннор, ти більше, ніж завойовник, ти можеш все, ти голова, а не хвіст, ти ти здатний досягти успіху, ти сильний у Господі, ти переможець, а не жертва». Натхнення, яке Бог вилив у пастора Джоела, вилилося в мене й полилося на Коннора. Я відмовився прийняти результати, тому що моя надія була вищою за мої обставини. Діагноз не був останньою главою; цю главу ще належить написати.

Забавно, як Бог обертає складні ситуації для нашого блага. Коннор став натхненням для багатьох людей, і саме він став натхненником нового сучасного закладу, який ми відкрили, щоб допомогти дітям з особливими потребами. Коли я стояв перед громадою Лейквуда, щоб представити новий центр, я сказав: «Якщо бути чемпіоном означає бути найбільшим, найсильнішим або найшвидшим, то мій син та інші діти з особливими потребами не відповідають цим критеріям. Але Бог дивиться на серце; і коли Він дивиться на наших дітей, Він бачить чемпіонів. на наших дітей, Він бачить чемпіонів. Іноді діти з особливими потребами є останніми, про кого згадують у церкві. Багато хто з вас, батьків, місяцями не має змоги ходити до церкви. Ви відчуваєте себе забутими. Ми побудували приміщення, навчили лідерів і розробили програму спеціально для наших маленьких чемпіонів у Лейквуді. Я знаю, що дехто з вас відчував себе забутим, але сьогодні я хочу, щоб ви знали, що ви більше не забуті». Одна з керівників нашого хору сиділа в залі того вечора, вона привела свого сина (який нещодавно мав деякі проблеми) на служіння, і сказала, що молилася, щоб Бог дав їм надію. Вона сказала: «Одразу після того, як я помолилася, ти підійшов і заговорив, і ми знайшли надію». Натхнення може змінити обличчя відчаю за долю секунди, коли ми шукаємо способи принести надію в життя людей. Івана 1:4 "У Ньому було життя, — і життя було Світлом людей." (УТТ). Це не завжди легко, але нічого хорошого ніколи не дається легко. Були часи під час нашого випробування з Коннором, коли я не хотів чути «все буде добре», тому що ми жили реальністю щодня. Тим не менш, вертикальний лідер не просто підживлюється прийняттям їх заохочення. Відмова спонукає вертикального лідера до творчого пошуку способів мотивувати їх ще більше. Слава Богу за докучливого, наполегливого керівника вертикалі. Вони схожі на вболівальників на бадьорому ралі, підбадьорюючи, хоча команда не виграла жодної гри. Вони вірять, що перемога не за горами.

Ви промінь натхнення, до якого тягнуться люди, чи ви приховуєте своє світло? Ви ніколи не знаєте, що за наступним рогом, що за сусідніми дверима або як Бог змінить ситуацію. Коли хтось пускає стрілу відчаю, ви збираєтеся підняти проблиск надії. Натхнення – це мова життя, а не просто сказане слово. Це починається з вас як лідера. Коли ви змінюєте свою парадигму, чиєсь життя підніметься вище, їхні проблеми здадуться легшими, а навантаження легшим, тому що ви наважилися бути вертикальним лідером.

Погляд Вгору з Окопів

Вероніка Монтгомері
Член Команди Лейквуд

У перший день мого служіння пастор Крейг запросив мене на обід і почав розпитувати про моє особисте життя. Я була здивована, що він більше не запитував про мої вміння та про те, як я збираюся вивести служіння на новий рівень. Натомість він запитав мене про мою родину, мої інтереси та хобі! Він ставив запитання, які, на мою думку, були несуттєвими для служіння. Я була так здивована, що мій бос піклувався про ці деталі, але до кінця нашого спілкування я засвоїла важливий урок: він показав мені, що я важлива! Щоб вивести свою команду на новий рівень, мені потрібно було посвятити час, щоб таким же чином побудувати з ними стосунки.

Я зрозуміла, що протягом перших місяців у служінні мені доведеться зосередитися на будування відносин. Мені потрібно було пізнати свою команду на особистому рівні. Мені потрібно було знати їхні імена, дати народження, їхні сім'ї, їхні інтереси та хобі. Вплив, який я справляю на сім'ї в служінні, а також на мою команду, набагато більший, ніж програми, які я створюю.

Тож я почала писати електронні листи, телефонувати, влаштовувати вечері та зустрічі зі своєю командою, щоб просто поспілкуватися з ними і дізнатися їх на особистому рівні. Я задавала особисті питання, які декому можуть здатися несуттєвими, але це допомогло мені побудувати міцні, тривалі відносини, які триватимуть вічно. Я зробила вклад в їхні життя і знаю, що роблю щось важливе.

Коли я починала вкладати в них, мені стало легше робити їм виклик. Наприклад, я просив їх вийти із зони комфорту і спробувати щось нове, і вони приймали ці виклики, бо довірились мені. Я знаю, що вони б не прийняли виклик, якби я не витратив час на формування моїх стосунків з ними. Інвестування часу в мою команду позбавило їх сприйняття мене як «боса». Натомість вони побачили в мені лідера. Моя команда почала слідувати за мною, а не тільки виконувати для мене роботу через мою посаду. Я заохочую свою команду, а не команда просто працює на мене.

Хоча я вкладала у свою команду і будувала стосунки, я все ще не була впевненна у своїй лідерській ролі. Я ставила під сумнів свою ефективність. У цей час пастор Крейг розповідав нам про важливість керівництва з мисленням Христа. Він заохочував мене через Святе Письмо і прикладами того, що довіряти Богу набагато важливіше, ніж те, що ми вважаємо правильним. Пастор Крейг закликав нас щодня проводити час у Божій присутності і ставити Бога на перше місце у всьому. Це додало мені впевненості, адже я знала, що якщо я буду продовжувати шукати Його, Він дасть мені мудрість, необхідну для прийняття рішень, які будуть Йому до вподоби.

ПРАКТИЧНІ ЗАВДАННЯ

1. Назвіть трьох лідерів, які демонструють послідовність у своїх словах, діях і поглядах. Що в їхньому житті вас надихає?
2. Чи ваша віра в Бога спонукає інших вірити в Божі можливості? Яку одну зміну ви могли б зробити сьогодні, щоб отримати вертикальну перспективу?
3. Опишіть ситуацію, коли любов і рішуча віра надихнули інших на надзвичайні зміни.
4. Визначте складну ситуацію у вашій команді. Чи можете ви уявити собі «надію за кожним кутом», коли стикаєтеся з такою ситуацією? Визначте, як ви будете ділитися цією надією з тими, кого ви очолюєте
5. Подумайте, як ви можете надихнути свою команду відчути себе цінним скарбом. Почніть впроваджувати кілька ідей і занотовуйте зміни, які відбуваються у вас і в команді.

6. Що ви робите для того, щоб залишатися натхненним як лідер? Складіть список місць і людей, які вас надихають, і розробіть план, як регулярно черпати натхнення.
7. З якими стрілами відчаю ви або ваша команда зіткнулися останнім часом? Подумайте про слова натхнення, які були вилиті на вас, і які ви також можете вилити на свою команду.

Примітка

1.Доктор Мартін Лютер Кінг-молодший, «У мене є мрія», промова, виголошена 28 серпня 1963 року, Вашингтон, округ Колумбія. http://www.usconstitution.net/dream.

2.Доктор Мартін Лютер Кінг-молодший, Куди ми йдемо далі: Хаос чи Спільнота? (Бостон, штат Массачусетс: Бікон Прес, 1968). http://www.mlkonline.net/quotes.html.

3.Тоні Камполо, Все, Що Ви Коли-небудь Чули - Неправда. (Даллас, штат Техас: Слово, 1992), ст. 73.

5
Творці мрій

Одна з найкращих рис тих, хто мріє про велике, полягає в тому, що старість ніколи не заважає тому, чиє серце залишається вічно молодим, бо кожна мрія несе його в нову пригоду, де вік не має значення. Нехай Бог дарує вам мрії, які пронесуть вас через усе життя і навіть далі.

Протягом років мене багато разів підбадьорювали і хвалили, але почути слова «Я вірю в тебе», що справді звучать з уст іншої людини, - це рідкісний скарб.Досі пам›ятаю, як вперше почув ці слова. Ми грали фінальну гру сезону за чемпіонство: «Дуби» проти «Бобрів». Моя команда, «Дуби», була попереду на один раунд у пятій подачі в грі з шести подач. Я грав на третій базі протягом перших п›яти подач, коли тренер попросив мене зіграти на лівому полі. Я від сорому опустив голову. Я подумав, що він переводить мене на поле, бо боїться що я можу коштувати нам перемоги.

Я почав розчаровуватися, намагаючись зрозуміти, чому мене понизили в ранзі після того, як я зіграв чудову гру. Тренер помітив вираз мого обличчя, опустився на коліна і сказав: «Синку, це найбільша гра року. Третій відбивний у складі вже зробив забіг, і мені потрібен мій найкращий гравець. Ти розумієш, чому я хочу, щоб ти грав на лівому полі?». Моя голова закипіла, і я гордо відповів: «Так, сер». Коли я розвернувся, щоб вийти на поле, тренер розвернув мене і сказав: «Крейг, я вірю в тебе».

Я побіг щосили, щоб зайняти своє місце на лівому полі. Перший бейсболіст відбив базовий удар у центральне поле. Другий відбивний відбив його вздовж першої бази. Наступним був великий відбивний забіг! Я присів навпочіпки і чекав, чи не стане доля на моєму шляху. Після того, що сказав тренер, я просто бачив, як ловлю м›яч і рятую гру. Я мріяв про велике і знав, що зможу це зробити, бо мій тренер вірив у мене! Перша подача була зроблена, і відбиваючий вдарив по дальньому польоту м›яча вниз по лівій лінії поля.

Я побіг так швидко, як тільки могли бігти мої маленькі ніжки. Я простягнув руку, але м›яч пролетів повз мене. Суддя вигукнув: «Фол». Повернувшись на позицію, я рушив до лівої лінії. Наступна подача: «М›яч один в аут! М›яч другий, високо і в аут! Я бачив, що відбиваючий розчарований, адже він хотів виграти гру для своєї команди. Наступна подача: третій м›яч! Я почав думати, що, можливо, тренер поставив мене на поле без причини.

На той час нападник знав, що у нього є лише один шанс, тому він кинувся на наступну подачу, яка була високо і зовні, і відправив м›яч прямо в бейсбольну базу. Наш подаючий кинув ще один м›яч, і той, хто зробив забіг, попрямував до першої бази. Секундочку, подумав я, так не повинно бути.

Наступний бейсболіст за всю гру так і не зміг перекинути м›яч за межі поля. Я бачив, як його тренер зупинився і став на коліна, щоб поговорити з ним. Не може бути... Він каже йому, що теж вірить у нього? Це що, фестиваль віри? Я подумав, що це не має значення, він може отримати найкращу підбадьорливу промову в світі, але все одно не зможе вдарити по м›ячу з поля. У двох іграх, які ми зіграли з командою, цей гравець щоразу зазнавав труднощів. Але після підбадьорливої промови тренера поведінка хлопчика змінилася, він став більш впевненим у собі. Чудово, тренер, мабуть, сказав чарівні слова: «Я вірю в тебе».

Я розслабився в зовнішньому полі, будучи впевненим, що м›яч ніколи не долетить до мене. З такою ж упевненістю подаючий кинув прямий м'яч. Зробивши сильний замах, відбивний промахнувся по м›ячу.

Повернувшись назад, подаючий зробив другий страйк. Коли він готувався до наступної подачі, я подумав, це буде третій страйк... як раптом відбивний відбив м'яч у ліву частину центрального поля. Здивований, я кинувся до м'яча. Не відриваючи очей від м'яча, я зробив стрибок через огорожу, перекинувши руку в рукавичці через огорожу. Коли я затягував руку назад, я почув, як хтось крикнув "Забіг!", і натовп заревів. Але коли я підняв руку і подивився вниз в рукавичці, там був м'яч! Я підняв його, щоб усі побачили, і, кинувши м'яч назад на базу, ми отримали подвійну гру, щоб виграти чемпіонську гру. Натовп божеволів, і навіть команда гостей встала і аплодувала моєму омріяному влученню. А тренер стояв і чекав на мене біля будівлі. Він підняв мене на руки і закружляв, кажучи: "Я ж казав тобі, що ти зможеш це зробити! Так!"

Це був один з найкращих днів у моєму житті, тому що звичайний тренер сказав чотири слова звичайному гравцеві і перетворив його на видатного гравця. Того дня він був творцем мрій. Силою своєї віри в мене він здійснив одну з моїх мрій. Але він був не єдиним тренером, який змінив життя гравця того дня. У приміщенні для гостей, у кімнаті команди «Бобрів" тренер обійняв хлопчика, який майже виграв гру. Хлопчик плакав, але тренер говорив йому життєві слова. Я думаю, що тренер говорив йому, що «сьогодні не був твій день, але твій день прийде. Не опускай голову. Ти зробив те, що я ніколи не бачив, і якби не цей чудесний улов, ти б виграв гру». Чому я вірю, що він сказав щось подібне? Наступного року цей хлопчик зробив три забіги і виграв для своєї команди чемпіонський матч. Його час нарешті настав.

Я Вірю В Тебе

Кожна людина потребує, щоб хтось вірив у неї. У книзі Вихід Мойсей пас отару свого тестя, коли Бог вирішив ввести Мойсея в гру. Мойсей ніколи не був красномовним; у нього були проблеми з мовленням, і він не вірив, що зможе вивести свій народ з Єгипту. Але Бог сказав: «А тепер іди, Я відкрию твої вуста і навчатиму тебе, що маєш говорити. А цей посох, що обертався на змія, візьми у свою руку, — ним чинитимеш ознаки". Бога не турбували Мойсеєві вади, бо Він знав про його потенціал. Коли Мойсей нарешті увійшов у гру, він почав творити чудеса. Вихід 14:29-31говорить, що Мойсей привів свій народ до перемоги над фараоном, а вірш 31 говорить нам, що коли ізраїльтяни побачили велику силу Господню, вони злякалися Господа і поклали надію на Нього та на Мойсея. Бог був творцем мрій для Мойсея та його народу. Бог сказав: "Я вірю в тебе, Мойсею, навіть якщо ти не віриш у себе".

Якщо ви хочете стати чудовим тімбілдером - створювачем команд, ви маєте бути більше, ніж просто лідером, ви маєте стати творцем мрій. Чому? Тому що збільшення команди з 25 волонтерів до 300 не здається реалістичним, коли ви зосереджуєтесь на тому, наскільки складним є завдання. Середньостатистичний лідер може задовольнятися тим, що просто перебуває у грі, ніколи не вірячи, що мрія може стати реальністю. Нам потрібно змінити своє мислення - від адміністратора до творця мрій, від директора до творця мрій, від працівника до творця мрій.

Я не просто пастор, Бог поставив мене на посаду творця мрій.

Коли я працюю з членом команди, я не просто зацікавлений у тому, щоб ця людина виконувала свою роботу, я зацікавлений у тому, щоб її мрії здійснювалися. Якщо я можу бути каталізатором здійснення мрій людей, то на скільки більше вони будуть інвестувати в цілі, яких намагається досягти наша церква чи компанія? Бог позиціонує вас прямо зараз, щоб ви могли вплинути на когось серйозним чином.

Ти можеш бути тим творцем мрій, якого Бог використовує, щоб перетворити звичайне на велике. Так багато людей змирилися зі своєю роллю в житті і перестали мріяти. Їм потрібен хтось, хто розпалить вогонь і розпалить іскри мрій, які потьмяніли всередині них.

Навчити Когось Мріяти Знову

Офіціантка з Техасу Айворі Харлоу стала творцем мрій для іншої людини завдяки простому вчинку доброти. Айворі подавала каву в кафе і часто бачила в очах клієнтів погляд самотності. Вони заходили до закладу, сідали за стійку і озиралися в пошуках спілкування. В епоху онлайн-чатів, онлайн-шопінгу і навіть онлайн-школи не дивно, що люди, які приходять до кав›ярні, відчувають голод за людським спілкуванням. Поки Айворі подає яєчню з беконом, клієнти цікавляться новинами про своїх онуків і розпитують її про життя.

Одного разу, наливаючи каву в чашки, вона побачила жінку, яка сиділа за столиком щонайменше три години. Жінка підняла очі й запитала: «Скільки коштує один тако на сніданок?» Айворі сказала, що дізнається, але коли вона поверталася на кухню, то подумала про гнилі зуби та втомлені очі жінки, повернулася і пригостила її безкоштовним млинцем на сніданок. Вона вигадала, що це залишилося від замовлення, яке вона переплутала. Жінка запитала, чи може вона позичити гроші на проїзд в автобусі, і Айворі дала їй чайові з кишені свого фартуха.

Через три тижні жінка повернулася і повернула Айворі позичені 2 долари. Вона влаштувалася на роботу і хотіла пригостити офіціантку сніданком на перерві! Айворі зрозуміла, що щось таке просте, як невеличка порція млинців, може призвести до невеликих змін у суспільстві. Айворі надихнула жінку не зупинятися і йти до своєї простої мрії - мати роботу. Вона не просто прожила свій день, не усвідомлюючи того, що відбувається навколо. Вона допомогла жінці стати на ноги..

Люди дивляться на зовнішню оболонку, але Бог дивиться на серце. Творці мрій бачать речі з Божої перспективи. Вони дивляться крізь зовнішнє і вірять тоді, коли ніхто не помічає. Якщо ви хочете виховати великих лідерів, з›ясуйте, про що вони мріють, або допоможіть їм знайти свою мрію. Коли ми шукаємо способи глибокого впливу на нашу команду, ми відкриваємо двері для них, щоб вони стали впливовими гравцями. Ефективне будування команди- це не метод, а здатність задовольняти потреби.

Нещодавно я розмовляв з координатором волонтерів Техаської дитячої лікарні. Щомісяця у них працює понад 800 волонтерів.

Підлітки граються та проводять час з хворими дітьми в їхніх кімнатах, а дорослі волонтери ведуть радіостанцію, яка допомагає дітям відчути себе особливими в затишку своїх кімнат. Кілька років тому я була волонтером і проводила час за читанням книжок з маленьким хлопчиком. Я слухав, як він розповідав мені все про свого улюбленого супергероя, Людину-павука. Я не усвідомлював, який вплив я справляю, аж до того дня, коли він дав мені малюнок Людини-павука. Замість того, щоб написати «Людина-павук» у верхній частині сторінки, він написав моє ім›я. Я ніколи не забуду, що я відчув, коли дізнався, що супергерої не обов›язково мають бути з далеких галактик; вони можуть бути звичайними людьми, такими як ми з вами. Коли я запитав координатора волонтерів, чи важко їм було набрати таку велику кількість волонтерів, вона відповіла, що це зовсім не проблема.»У чому ваш секрет?» запитав я її. «Немає ніякого секрету», - відповіла вона. «Більшість волонтерів - це родичі або друзі дітей, на яких вплинули працівники та волонтери центру. Вони, в свою чергу, хочуть впливати на інших».

Волонтери стають творцями мрій для дітей та сімей. Ви також

не зможете стримувати своїх волонтерів, коли вони побачать, який вплив вони можуть зробити, коли більше зосереджуватимуться на людях, ніж на програмі.

Змінюючи Чиєсь Обличчя

Один із способів побудови команди - це перетворити наші щоквартальні командні зустрічі на неймовірний вечір подяки та натхнення. Однієї ночі ми організували зустріч, яку назвали «Мрія». Кімната була оформлена так, щоб створювалося враження, ніби ви сидите в білій хмарі, оточеній зірками. За три місяці до цього команда зустрілася, щоб спланувати весь наш річний графік. Наші зустрічі схожі на духовний мозковий штурм: ми ніколи не знаємо, до чого це призведе. Того року з›явилися такі пророчі слова, як «Зійдіть з дороги», «Єдність», «Довіртеся Богові» і «Я наділив вас силою і спорядив для здійснення великих справ». Два місця з Писання задали тон нашій зустрічі. Одне з них було Єремії 29:11: “ Бо Я знаю ті думки, які думаю про вас, говорить Господь, думки спокою, а не на зло, щоб дати вам будучність та надію.”

“ Друге місце Писання - Авакума 2:2-3. У цьому уривку Бог відповідає на мрію Авакума про те, що справедливість восторжествує і припиниться боротьба з корупцією в Юдеї: “І відповів Бог: “Господь відповів і сказав мені: Напиши видіння ясно і на дошці, щоб за ним гнався той, хто читає. Тому що видіння ще на час і прийде до кінця, і не намарно. Якщо забариться, почекай його, бо воно неодмінно прийде і не затримається”. Ми знали, що багато хто з наших лідерів вже давно не мріяв. Ми знали, що дехто з наших лідерів втомився, дехто бореться з сімейними проблемами,

а дехто завжди дбав про інших і забув, як мріяти самому. Ми помістили пророчі слова та уривки зі Святого Письма на кільце для ключів розміром з кредитну картку разом зі словом «Мріяти». Це було нагадуванням для них, щоб вони ніколи не переставали вірити і мріяти.

Ми почали вечір з того, що поділилися мріями про «Кідслайф» і тим, що ми хочемо зробити в наступному році. Всі аплодували і висловлювали своє захоплення цим баченням. Тоді я сказав: «Мрії

«Кідлайф» важливі, але я не хочу, щоб здійснилися лише мрії «Кідслайф» і Лейквуда. Ми хочемо знати, про що ви мрієте і як ми можемо співпрацювати з вами, щоб допомогти вашим мріям здійснитися. Декого з вас ніхто ніколи не питав, про що ви мрієте. Дехто відкладав свої мрії на полицю, щоб подбати про інших. Сьогодні ми хочемо почати втілювати ваші мрії в реальність. Ваші мрії не в минулому, а в майбутньому. Ми хочемо допомогти декому з вас мріяти про більше, а декому - почати мріяти знову».

Коли я говорив, я бачив, як батьки дитини з аутизмом почали плакати. Я бачив, як інші посміхаються. Вони думали, що я просто розповім їм про цілі, які ми ставимо перед «Кідлайф». Почуття любові наповнило кімнату, коли вони почали писати свої мрії на Картках мрій і розміщувати їх у центрі столу. Всією командою ми говорили слова підбадьорення і молилися, щоб Бог побачив ці мрії і здійснив їх у майбутньому. Один з наших волонтерів, який має сина з синдромом Дауна, сказав: «Не думаю, що я коли-небудь замислювався про свої мрії до сьогоднішнього вечора. Це перший раз, коли хтось запитав мене про це. Дякую вам».

Протягом наступних кількох місяців ми почали отримувати електронні листи про здійснення мрій. Одна з наших співробітниць мріяла про маленьку дівчинку. Коли вона завагітніла пізніше того ж року, прийшов повторний звіт, що у неї буде дівчинка. Інша жінка роками молилася, щоб її брат відвернувся від банд і наркотиків і віддав своє життя Богу; того року це сталося. Ми знаємо, що попереду буде ще багато повідомлень. Тієї ночі наша команда перейшла на абсолютно новий рівень. За одну ніч ми побачили, як змінилася статистика людей. Ми запустили нову програму і додали 150 нових волонтерів. Почуття служіння та єдності з›явилося, і все сприйняття нашого служіння змінилося.

Ставлячи Мрії Інших Вище Своїх Мрій

За рік до цієї зустрічі Бог почав говорити до мене про те, що я прагну свого служіння. Я був настільки зосереджений на баченні і своїй команді, що часом забував про команди навколо мене. Коли я вперше приїхав до Лейквуда, однією з наших сильних сторін було те, що ми діяли як одна велика команда. «Кідслайф» змогло так швидко розвиватися, тому що ми співпрацювали з іншими служіннями церкви. Я відчув, як Бог сказав, що якщо я покорюся і запропоную свою допомогу іншим служінням церкви, то Він підніме «Кідслайф» на зовсім інший рівень. Це звільнило мене.

Служіння в церкві можуть стати конкуруючими. Служіння мимоволі змагаються за простір, ресурси та лідерство. Незважаючи на те, що Лейквуд щойно переїхав у величезне приміщення, він вже намагався знайти достатньо місця для потреб усіх служінь. Коли я почав ділитися своєю увагою з іншими служіннями, які потребували допомоги, у «Кидслайф» почали відбуватися великі зміни. Ми підняли молодіжний відділ, і почала процвітати сильна єдність. Кожного разу, коли нас просили виступити або співпрацювати з іншими лідерами, це ставало привілеєм, а не тягарем. Ми разом планували місіонерські поїздки і наполегливо працювали над тим, щоб ділити простір. Ми намагалися зробити так, щоб кожна справа була взаємовигідною.

Ви можете подумати, що якщо ми відволічемося від «Кідслайф» і зосередимося на інших служіннях, то наше продуктивність і вплив зменшиться. Але все сталося навпаки. Ми не тільки продовжили те, що робили, але й започаткували кілька нових служінь у рамках «Кідслайф». Справа не в тому, що ви відпускаєте свої мрії, а в тому, що ви не дозволяєте своїм мріям стати вашим ідолом. Послання Якова 4:6 говорить: «Бог гордим противиться, а смиренним дає благодать». Матвія 23:12 говорить: «Хто вивищується, той буде впокорений, а хто впокорюється, той вивищиться». Мрійники думають не лише про власні мрії, але й ставлять на перше місце мрії інших. Вони знають, що Бог робить наші мрії реальністю, коли ми ставимо інших на перше місце. Не орієнтуйтеся на успіх; кожен має своє уявлення про те, що таке успіх. Завжди керуйтеся бажанням сповнитися. Успіх приносить короткочасне щастя, а сповнення - довготривалу радість.

Вертикальні лідери створюють простір для надзвичайних змін у своїй організації, тому що їм потрібен час, щоб зрозуміти мрії тих, кого вони очолюють. Коли люди знають, що ви дбаєте про їхні інтереси і вірите в них, вони не лише цінуватимуть вас як лідера, але й наслідуватимуть ваш приклад.

Розвинеться культура довіри та підтримки, яка буквально підніме вашу організацію на новий рівень. Бажаєте бачити найкраще, що Бог хоче бачити у вашому житті?

Станьте Творцем Мрій!

Погляд з Окопів Вгору

Клейтон Херст Член команди Лейквуд

Протягом останніх п›яти років у мене таке відчуття, ніби я навчався в ексклюзивній школі лідерства. Від самого початку Крейг робив усе можливе, щоб розвинути мене та багатьох інших як чудових лідерів. У нас є девіз "Кідслайф", який персонал повторює: «Це процес!». Ми всі зрозуміли, що для того, щоб досягти того, чого ми хочемо, потрібен певний час. Це буде тривалий процес, тож ми можемо насолоджуватися ним!

Протягом усього процесу розвитку "Кідслайф" один з уроків лідерства Крейга, який мені запам›ятався, - бути дослідником людської поведінки. У "Кідслайф" ми рано зрозуміли, що людина набагато важливіша за програму. Якщо ми зможемо побудувати і розвинути людину, програма піде слідом за нею. Це дуже допомогло мені у створенні та розвитку моїх команд. Коли ти можеш знайти в людині її справжні сильні сторони та мрії, а потім допомогти розвинути їх, це дуже корисно. Мені подобається бачити вираз обличчя та реакцію людей, коли я запитую їх про те, чим вони захоплюються.

Коли я думаю про тему « захоплення», мені пригадується одна людина. Коли Беккі вперше прийшла до мене в офіс, вона була дуже сором›язливою й неговіркою. Під час розмови я дізнався, що вона мати двох дітей і хоче навчитися вести за собою дітей та впливати на них. Коли ми продовжили розмову, я помітив, що вона ніколи не дивиться мені в очі. Вона оглядала кімнату, але ніколи не дивилася на мене. Проте її посмішка буквально осяяла кімнату. Її посмішка та сміх були настільки заразливими, що я посміхаюся, згадуючи про це два роки потому. Після нашої першої зустрічі ми почали доручати Беккі ролі, які кидали б їй виклик і розвивали її. Через захоплення Беккі впливом на дітей та сім›ї, вона почала служити в нашому служінні учнівства для дітей, яке проходить щотижня в середині тижня. Ми називаємо його «Екстремальні діти», тому що ми допомагаємо дітям і батькам йти на екстремальні вчинки заради Бога.

Ми помістили Беккі в групу дівчаток четвертого класу, і через кілька тижнів я помітив дещо, від чого мій рот ледь не впав на підлогу. Беккі сиділа в кутку зі своєю маленькою групою дівчаток. Вони ловили кожне її слово, а сама Беккі дивилася їм прямо в очі, розповідаючи свій урок. Це було дивовижне видовище, яке так відрізнялося від нашої першої розмови в моєму офісі того дня.

Протягом наступних кількох тижнів я помітив, що Беккі все більше і більше відчуває себе комфортно в своїй маленькій групі. Я був настільки заінтригований таким поворотом, що попросив Беккі зайти і поговорити зі мною. Однак, коли вона зайшла і сіла, сталося щось дивне. Як тільки ми почали розмовляти, вона знову почала поводитися, як раніше. Я ставив запитання, вона починала говорити, але одразу ж опускала голову і ніколи не дивилася мені в очі. Після розмови з Беккі мене вразила її пристрасть і її мрії: Вона любила допомагати людям. З якоїсь причини, коли вона була з цією маленькою групою дівчат, єдине, про що вона думала, - це про те, що вона допомагає кожній з них. Ця мрія надихала її, і вона ніби ставала кимось іншим. Вона була жвавою і сповненою життя, тому що реалізовувала свою пристрасть.

Коли ми починали " Кідслайф", ми придбали кілька іграшок, щоб вони були символами нашого дитячого служіння і допомагали дітям заохочувати їх приходити до нас у гості. Іграшки дивовижні, у кожного з них є своя історія про те, як вони потрапили до " Кідслайф". Однак, через розмір костюмів іграшок, нам потрібні люди меншого зросту або підлітки, щоб поміститися в костюмах. Нам потрібно було більше людей, щоб приєднатися до наших команд іграшок, і у мене виникла шалена ідея запитати Беккі, чи не могла б вона допомогти у створенні цих команд. Вона без вагань погодилася і пішла. Вона взяла стос анкет та інформаційних матеріалів і попрямувала до підлітків, щоб поговорити з ними. Пізніше того ж вечора я побачив Беккі і запитав, як все пройшло. Її відповідь мене так порадувала, що я запитав, чим вона захоплюється, а не дивився лише на те, як вона поводилася в моєму офісі. Вона сказала: «Ну, я сьогодні розмовляла з багатьма підлітками, і 28 з них заповнили заявки. Я сподівалася отримати ще кілька, але це хороший початок!». Чесно кажучи, я був вражений. Я запитав її: «Беккі, як тобі вдалося переконати 28 підлітків записатися в команду іграшок?» Вона відповіла: «Я просто дуже широко посміхнулася, подивилася їм в очі і попросила!»

Беккі надихає мене дізнаватися про захоплення інших і допомагати їм досягати своїх мрій!

ПРАКТИЧНІ ЗАВДАННЯ

1. Хто вірить у вас? Як його/її віра у вас вплинула на ваше життя?
2. Які практичні переваги матиме ваша організація, якщо ваша команда знатиме, що ви дбаєте про їхні мрії?
3. Які мрії ви маєте для своєї організації? Запишіть свої мрії і почніть говорити про них з Богом та іншими членами вашої організації.
4. Складіть план, як розкрити мрії тих, кого ви очолюєте, і як допомогти цим мріям стати реальністю.
5. Що ви можете зробити протягом наступного року, щоб допомогти іншим відділам вашої організації відкрити та здійснити свої мрії?

6
Руйнівники Мрій

Якщо люди намагаються сказати вам перестати любити, перестати вірити, перестати сподіватися на краще або перестати надмірно піклуватися, пам›ятайте, що Бог не тримає в руках знак «стоп». Його ім›я - «Вперед»!

Кожного грудня, як і більшість дітей в Америці, я з нетерпінням чекав на Різдво. Я любив усе, що пов›язано з цим святом: наряджати ялинку, прикрашати будинок, натякаючи на подарунки, які я хотів би отримати, і, звісно, дивитися різдвяні програми по телевізору. Тоді ні в кого не було їх на DVD, тож нам доводилося звірятися з телепрограмою, щоб не пропустити такі класичні фільми, як «Чудо на тридцять четвертій вулиці», «Червононогий олень Рудольф» та «Це дивовижне життя». Однією з моїх найулюбленіших передач був «Різдвяний спецвипуск Чарлі Брауна». Я не знав, що мрія Чарльза Шульца про «Різдвяний спецвипуск Чарлі Брауна» була майже розчавлена через деякі вдало розташованих руйнівників мрій.

Коли спецвипуск був на останніх стадіях виробництва, керівники мережі почали висловлювати занепокоєння. Типові руйнівники мрій, вони бачили проблеми, а не можливості. Вони скаржилися на переривчасту анімацію, погану якість звуку та відсутність того, що на той час було галузевим стандартом - сміхової доріжки. Чарльз Шульц вважав, що глядачі повинні сміятися тоді, коли хочуть, і не потребують спонукання. Головною проблемою продюсерів, яка, на їхню думку, гарантувала провал програми, була тепер уже знаменита інтерпретація різдвяної історії у виконанні Лайнуса.

Руйнівники мрій були переконані, що вони втратять рейтинги і корпоративних спонсорів, тому що американці не хочуть витрачати свій прайм-тайм на те, щоб слухати мультяшного героя, який цитує версію Біблії короля Якова. У відповідь цим руйнівникам мрій Чарльз

Шульц, у типовій манері мрійника, відповів: «Якщо ми не розкажемо їм справжнє значення Різдва, то хто це зробить?»

Руйнівник Мрій

Вам коли-небудь доводилося бачити, як хтось розтоптав вашу мрію? Руйнівники мрій використовують такі слова, як НІКОЛИ, НЕМОЖЛИВО, НЕ МОЖНА, НЕ БУДЕ, НЕ РОБИ, СТОП або НІ.

Якщо хтось каже, що ти ніколи цього не зробиш, що це неможливо, що ти не досягнеш своєї мети, що ти недостатньо хороший, то це руйнівники мрій.

Керівництво CBS прагнуло заробляти гроші, а не змінювати життя. На щастя для кожної дитини, яка дивилася Різдвяний спецвипуск Чарлі Брауна, Чарльз Шульц побачив щось більше, ніж просто мультфільм. Він побачив можливість вплинути на націю. Сцена, де Лайнус розповідає правдиву історію Різдва, була визнана *TV Guide* однією з 100 найкращих сцен в історії телебачення. У ніч, коли вона вийшла в ефір, більшість населення країни дивилася цей спеціальний випуск. Різдвяний спецвипуск Чарлі Брауна отримав більше нагород і похвал, ніж будь-який інший.

Кожен з нас стикається з руйнівниками мрій. Руйнівники мрій - не завжди погані люди. Б›юся об заклад, що більшість керівників CBS, які свого часу виступали проти Чарльза Шульца, тепер можуть озирнутися назад і побачити свою помилку. Всі ми, в той чи інший час, трохи збивалися зі шляху і говорили слова, які могли зруйнувати мрії. Що змушує хороших людей руйнувати мрії? Гордість, его, ревнощі, негатив і потреба в контролі - все це може стати причиною того, що хороші люди стають руйнівниками мрій.

Творення Історії

Вертикальні лідери будують інших, визначаючи, а потім позбуваючись того, що змушує їх ставати руйнівниками мрій.

Вони дивляться за межі особистих почуттів, щоб побачити, що Бог може робити в тій чи іншій ситуації. Один із способів зберегти перспективу мрійника - це пам›ятати, що кожен день є історичним. Я був покликаний Богом творити історію, будуючи життя людей, сподіваючись, що одного дня я почую, як Бог скаже: «Добре зроблено, добрий і вірний слуго». Коли я пам›ятаю, що моє життя записується в найважливішу книгу історії - Книгу Життя, я намагаюся жити так, щоб допомагати іншим досягти їхньої мети, даної Богом. Як зберегти Божу перспективу і не дати гордості, заздрості, ревнощам і негативу зруйнувати мрії інших людей? Нам потрібно щодня розмовляти з Богом і просити Його допомогти нам зберігати Його перспективу. Нам також потрібно просити у Нього прощення за ті випадки, коли ми навмисно чи ненавмисно завдавали болю іншим.

Один з найкоротших, але найдивовижніших віршів у Святому Письмі говорить: «Наблизьтесь до Бога, і Він наблизиться до вас» (Якова 4:8). Вам не потрібно з›ясовувати це самостійно. Бог створить для вас історичні дні, коли ви будете щодня шукати Його як вертикального лідера.

День, Який Змінив Моє Життя

Дехто вважає, що найкращі моменти мого служіння в Лейквуді - це коли я маю можливість говорити у храмі перед тисячами людей. Інші думають, що це можливість служити тисячам дітей і сімей щотижня. Це величезні можливості, але моє найкраще служіння в Лейквуді відбулося не в стінах церкви.

Мені зателефонував доктор Пол Остін і розповів про маленького хлопчика, який трагічно втратив обох батьків. Доктор Пол зателефонував, щоб переконатися, що сім›я і маленький хлопчик відчують величезну підтримку і любов. Очевидно, батько був розгніваний і засмучений, і його депресія перейшла в гнів, а потім у словесні образи. У запалі суперечки батько застрелив матір хлопчика прямо на його очах. Перед тим, як направити пістолет на себе, він подивився на сина і сказав: «Я тебе ненавиджу». Якщо слова «Я вірю в тебе» - це слова, що будують мрії, то слова «Я ненавиджу тебе» - це слова-руйнівники мрій, особливо коли вони лунають від людини, яка повинна вас захищати.

Коли я прийшов на похорон, мені сказали, що мама час від часу привозила хлопчика до «Кідслайф» у Лейквуді, але я ніколи його не бачив. Моє перше враження про нього склалося на похороні, коли його оточили рідні та друзі, щоб захистити його від подальших страждань. Обидві сторони сім›ї були присутні, намагаючись осмислити те, що сталося. Можна було відчути напругу і невимовний біль. Я не був впевнений, що мені вдасться поговорити з ним, а якби й вдалося, то я не міг уявити, що я міг би сказати в такий страшний момент.

Протягом усього богослужіння мої очі були прикуті до цього маленького хлопчика, в той час як я зосередив свій розум на Богові, сподіваючись на слова, які Він скаже. Я зрозумів, що це був момент вертикального лідерства, не схожий на інші. Наближаючись до Бога, я відчував, що Він наближається до мене.

Закінчилося зібрання, і я спустився до входу, щоб зустрітися з сім›єю і маленьким хлопчиком і запропонувати підтримку, сподіваючись хоч якось змінити слова, сказані його батьком. Я очікував, що хлопчик буде шокований і засмучений тим, що сталося. Натомість, коли я простягнув йому руку, хлопчик схопив мене за руку, а потім обняв іншою рукою цього незнайомця, якого він ніколи не бачив. Він пригорнувся до мене, як син до батька, без жодних вагань. Приголомшений, я тримав його так, як тримав би своїх двох хлопчиків, яких я люблю всім своїм єством.

Раптом я зрозумів, що відбувається. Бог наблизився і використовував мене, щоб підтримати Свою дитину через мене.

Хочеш знати, звідки я це знаю? Першими словами, які я вимовив, були: «Я люблю тебе, сину». Я зовсім не планував цього говорити. Я відчув, що Бог говорив через мене. Наступні слова, які вилетіли з моїх вуст, були: «Все гаразд, я тут». Після цього я відчув, ніби Бог-Отець тримав на руках свою дитину, кажучи їй, що все буде добре. Божий план полягав у тому, щоб замінити кожне руйнівне слово на переможні слова, які зцілять його серце. Творець мрій повертав те, що вкрав руйнівник мрій.

У житті я зрозумів, що не обов›язково бути присутнім у битві, щоб Бог був там і боровся від твого імені. Він займе твоє місце. Твоя віра посилає Його в бій. Битва належить Господу.

Писання, за яке я тримаюся в такі моменти, належить одному з близьких друзів Ісуса, Петру. У ньому сказано:

А Бог усякої благодаті, Який в Ісусі Христі покликав вас

до Своєї вічної слави, нехай тих, хто трохи постраждав, поновить; нехай укріпить, нехай зміцнить, нехай твердо поставить! (1 Петр 5:10).

Бог обіцяв відновити тих, чиї мрії були розбиті. Бог може і буде відновлювати ваші мрії. Як лідера, Бог закликає вас також відновити мрії тих, хто перебуває у вашій команді, промовляючи до них слова життя. Коли ви будете молитися і наближатися до Бога, Він почне допомагати вам відбудовувати зруйновані ділянки вашого життя. Наближаючись до Нього, ви побачите, як Він не тільки зцілює розбиті мрії, але й використовує вас, щоб відновити мрії інших.

Хоча не всі ми маємо драматичні моменти, щоб сказати зцілювальні слова в чиєсь життя, звичайні моменти часто можуть мати найбільший вплив. Слова, які ви використовуєте щодня, і ваші дії по відношенню до інших визначають, чи є ви творцем мрій, чи їх руйнівником. Як лідер, я зрозумів, що спосіб, у який я намагаюся допомогти комусь, має величезне значення у світі. Письменник Наполеон Хілл якось сказав: «Подумайте двічі, перш ніж говорити, тому що ваші слова і вплив посіють насіння або успіху, або невдачі у свідомості іншої людини».

Декілька Слів Про Конструктивну Критику

Як лідер, ви матимете багато можливостей розповісти іншим про те, як вони можуть реалізувати свої мрії в позитивний спосіб. Вам потрібно остерігатися пастки конструктивної критики. Для мене конструктивна критика - це оксюморон. Ми називаємо це конструктивною критикою, коли ми не побудували стосунки з тим, кого хочемо оцінити. Часто ми прикриваємо свої слова виправданнями: «Я зробив це для його ж блага». «Я просто говорив правду». «Я кажу тобі це лише тому, що мені не байдуже». Критики пропонують свою версію правди з егоїстичних міркувань, а не для того, щоб виховувати людей. Правда ранить, коли мотив егоїстичний. Але коли правда йде від серця любові, і коли лідери говорять правду заради блага інших, люди стають вільними.

Часто різниця між творцем мрії та її руйнівником полягає у стосунках. Перш ніж пропонувати критику чи розуміння чужої мрії, ми повинні інвестувати в неї час та енергію. Ми повинні дати іншим зрозуміти, що ми любимо їх і дбаємо про їхні найкращі інтереси. Якщо у вас немає стосунків з тим, кому ви намагаєтеся принести виправлення, це швидко обернеться проти вас. Виправлення з більшою ймовірністю буде сприйняте добре, коли встановлені стосунки.

Любов вимагає часу. Занадто часто ми говоримо «корисні» речі ще до того, як стосунки розвинулися, і члени команди страждають, бо не знають нашого серця. Найкращий спосіб боротися з цим - говорити слова життя, а не смерті. Слова життя походять від серця, яке хоче бачити успіх інших, а не просувати наші власні ідеї.

Руйнівники мрій говорять слова, які викликають сумніви і страх, в той час як будівничий мрій говорить слова надії і заохочення.

Прислухаючись До Правильних Голосів

Чарльз Шульц ніколи не втрачав своєї мети, незважаючи на дуже сильні негативні голоси. Його рішучість розповісти історію Різдва у простий, але глибокий спосіб буквально увійшла в історію. Ваша фокус визначатиме, кого ви будете слухати. Я бачу людей, які живуть життям, набагато нижчим за їхній потенціал, тому що вони слухають голоси, які розбивають їхні мрії. Вони залишаються на роботі та під керівництвом лідерів, які пригнічують їх. Ці лідери ніколи не бувають щасливими, їм ніколи не буває достатньо добре, і вони ніколи не працюють ні для кого, окрім себе.

У якийсь момент ми повинні усвідомити, що завжди будуть люди які не за нас, як би ми не старалися. Треба позбутися цього і переорієнтуватися. Не переслідуйте людей, які тягнуть вас донизу; переслідуйте людей, які будують вас. Обирайте людей, які хочуть знати ваші мрії, щоб ви могли мріяти разом. Якщо ми змиримося або приймемо свою долю в житті, ми ніколи не піднімемося вище, ніж статус-кво.

У пісні « Призначено жити» гурту Світчфут вокаліст вигукує приспів: «Ми були призначені для набагато більшого... невже ми втратили себе?[1] « Чи відчували ви коли-небудь, що ви просто рухаєтесь, а не живете усім тим, що Бог має для вас? Після багатьох років спроб догодити іншим, іноді ми опускаємо руки і перестаємо жити своєю справжньою ідентичністю та призначенням. Ми втрачаємо ідентичність і мету, які дав нам Бог, коли намагаємося здобути визнання інших. Завжди помилково намагатися зробити руйнівників мрій щасливими замість того, щоб догодити Тому, хто дав нам мрію. Руйнівники мрій можуть бути у вигляді босів, батьків, негативних друзів і навіть пасторів. Коли ми заглиблюємося в себе і запитуємо Бога, для чого ми призначені, ми відкриваємо свою справжню ідентичність. Наш фокус зміщується з догоджання тим, хто відмовляється бути задоволеним, на догоджання Тому, хто вже любить нас і хоче для нас найкращого. Коли ми знаходимо свою ідентичність як особистості та лідера в Бозі, ми вже не так переймаємося тим, як догодити тим, хто руйнує наші мрії. Руйнівників мрій не цікавить ваше життя, їх цікавить їхній порядок денний. Як лідер, ви не повинні погоджуватися ні на що, окрім Божого плану. Ви не повинні приймати те, що люди говорять про вас, коли Бог є для вас. Ви можете слухати мільйон голосів або налаштуватися на аудиторію Одного.

У Біблії діти Ізраїлю прагнули увійти в Обітовану Землю. Звільнившись з рабства, вони були готові до того, щоб оселитися і насолоджуватися життям, яке Бог приготував для них. Але перед тим, як увійти в Обіцяну землю, вони хотіли переконатися, що нинішні землевласники не будуть чинити їм великого опору. Мойсей послав 12 лідерів розвідати землю, про яку вони мріяли. Десять з 12-ти стали руйнівниками мрій. Вони побачили землю, переповнену достатком, але попередили, що не можуть туди увійти, бо теперішні мешканці були ВЕЛИЧЕЗНІ. У порівнянні з цими велетнями, народ Ізраїлю був схожий на коників. Інші два розвідники, Ісус Навин і Калев, сказали, що земля наповнена достатком усякого добра, і поки Господь з ними, вони зможуть перемогти велетнів і заволодіти землею. Калев і Ісус Навин були готові здійснити цю мрію.

Кого слухали сини Ізраїлю? Руйнівників мрій! Страх, негатив і нездатність побачити Боже забезпечення і силу взяли гору. В результаті народ жив у пустелі 40 років, поки нове покоління не вирішило повірити в Бога який дає мрію. Лише тоді вони заволоділи землею.

Кого ви слухаєте? Ви керуєтесь баченням, яке дав вам Бог, чи страхом перед можливостями? Ви є творцем мрій чи їх руйнівником?

Якщо у вашому житті має відбутися прокляття чи благословення, потрібна ваша згода.

Твоє Минуле Не Визначає Твого Призначення

Руйнівники мрій важко відпускають минуле замість того, щоб прийняти майбутнє. Добре пам›ятати минуле, але не жити в ньому. Нові мрії чекають на те, щоб опинитися в центрі уваги, але вони можуть бути заблоковані минулими розчаруваннями, негативними словами і минулими образами. Моменти, що змінюють життя, можуть бути як проривом, так і крахом. Ніколи не дозволяйте минулим помилкам зупинити вас на шляху вперед. Прорив відбувається тоді, коли ви змінюєтесь. Одна з ключових речей, яку я доношу до лідерів, полягає в тому, що їхнє минуле не визначає їхній кінцевий пункт призначення. Не копайтеся в тому, що Бог вже забув. Кожен лідер, який приїжджає до Лейквуду, знає, що тут є чистий аркуш, де він може написати на дошці будь-яку свою мрію. Майбутнє занадто важливе, щоб жити минулим.

Рух До Слави, А Не Назад

Іноді наші мрії руйнує не негативне минуле, а бажання знову пережити дні слави, а не йти від слави до слави. Ми можемо перестати мріяти і почати скаржитися: «Я пам›ятаю, як колись було добре». «Цього ніколи не буде». «Як би я хотів, щоб ми могли повернути старі добрі часи». Немає нічого поганого в старих добрих часах, але ваші найкращі дні не позаду, вони перед вами, незалежно від того, скільки вам років. Старість ніколи не зупиняє того, хто має молоде серце і розуміє, що кожна мрія може перенести його в нову пригоду.

Близька подруга і велика віруюча жінка на ім›я Дон багато років мріяла мати дітей. Бог обіцяв їй, що у неї будуть не просто діти, а двійня - хлопчик і дівчинка. Минали роки, і здавалося, що ця мрія була малоймовірною. Вона досягла того віку, коли більшість людей не замислюється про народження дітей. Проте Дон знала, що час не має значення для Бога, який непідвладний часу. Вона поділилася своєю мрією з усіма, кого вона зустрічала. Я впевнена, що люди запитували, чи справді вона хоче мати дітей у свої п›ятдесят.

Їй могло бути боляче від того, що Бог не дав їй дітей, коли вона була молодшою, але замість того, щоб зосередитися на минулому, вона прийняла майбутню обіцянку, що колись її мрія здійсниться. У неї була кімната в будинку, яка чекала на їхній прихід протягом семи років. У той час, коли інші відпочивали і насолоджувалися життям, Дон готувалася до своєї найбільшої пригоди.

21 рік вона йшла до своєї мрії. У віці трохи більше 50 років Дон завагітніла двійнею: хлопчиком і дівчинкою. Вона не дозволила віку чи минулому вкрасти її мрії про майбутнє. Її діти щасливі та здорові, і мама з татом не можуть ними не тішитися.

Не дозволяйте руйнівникам мрій говорити вам, що вже надто пізно або це ніколи не станеться. Ніхто не може зупинити мрію, яку Бог вже породив. Тільки ми самі можемо зруйнувати мрії нашого життя, сумніваючись у тому, що Бог вже пообіцяв нам. Рік Уоррен каже: «Коли Бог дає принцип, Він дає обіцянку». Я завжди кажу: «Якщо ви вірите в принцип, ви можете розраховувати на обітницю». Нещодавно я почув чудову цитату: «Ми можемо або підкоритися протистоянню, з яким стикаємося в житті, або ми можемо підкоритися справі - місії, настільки великій, що протистояння не має значення. Вона лише допомагає нам зосередитися». Пастор Джоел каже: «Бог може взяти цей камінь спотикання і зробити його вашою сходинкою».

Погляд З Окопів Вгору

Робін Чендлер

Член команди Лейквуд

Протягом мого життя, особливо під час моєї студентської та професійної кар›єри, я знав кількох виняткових та ефективних лідерів. Але саме пастор Крейг Джонсон справив на мене значний вплив, оскільки я зрозумів важливість вертикального лідерства. Крейг навчив свою команду, що найважливіша робота лідера - «будувати і надихати людей». Люди є найціннішим ресурсом у служінні, бізнесі та сім»ї. Пастор Крейг завжди говорив: «Лідер ніколи не відмовляється від людей», і він наголошує на необхідності починати з любові. Він закликав мене зосередитися на тих, кого я веду, а не на собі, тому що Бог має для мене більшу мету, більшу, ніж я сам. Пастор Крейг демонструє свою віру і впевненість у своїх лідерах, дозволяючи їм стати такими, якими їх створив Бог. Більшість людської поведінки, позитивної чи негативної, ми вчимося від тих, з ким проводимо найбільше часу. Для того, щоб побудувати сильні команди, вертикальні лідери повинні моделювати своїм прикладом, в основі якого повинно лежати їхнє бажання виконувати Божий задум.

Вчення пастора Крейга про навички, необхідні ефективним лідерам, стали для мене інструментами, які я використовував у сімейних ситуаціях, служінні та особистих стосунках. Лідерство починається з «мене і мого життя», і я повинен використовувати своє свідчення, досвід і отримані уроки як приклад для наслідування. Крейг сказав: «Лідерство починається з мене і мого життя... мій приклад - найкращий інструмент лідерства». Я використовую цей принцип, навчаючи своїх дітей приймати дари і таланти, які Бог вклав у них.

У мене є учень восьмого класу, який має природні лідерські задатки, але вчиться бути взірцем, живучи за своїми переконаннями, щоб інші могли це бачити. Я допоміг синові зрозуміти, що лідери, незалежно від віку, повинні брати на себе відповідальність і звітувати за свої дії. Мій син є лідером, коли подає благочестивий приклад своїм одноліткам. Він потрапляв у незручні ситуації, коли багато дітей поставили б під загрозу свою чесність, щоб бути з «натовпом». Однак мій син вирішив перепросити себе і продовжує демонструвати благочестиву поведінку, і я вірю, що це завдяки принципам, які він почерпнув із вчення пастора Крейга.

Ісус Христос, наш Пастир, є взірцем лідерства і найкращим прикладом ефективного керівника. Паралельно з цим, пастор Крейг є прикладом того типу лідера, яким був Ісус на землі, і він прагне заохочувати лідерів, яким він служить, покладатися на Бога у розбудові їхніх служінь та домівок. Він закликав свою команду піднятися над обставинами і вивести своє життя на новий рівень благочестивого лідерства, незалежно від того, наскільки великими є перешкоди, з якими вони стикаються.

ПРАКТИЧНІ ЗАВДАННЯ

1. Визначте руйнівників мрій, які негативно вплинули на ваше життя. Що або хто дав їм право так впливати?
2. Що змушує хороших людей ставати руйнівниками мрій?
3. Як наближення до Бога допоможе вам повернути мрії там, де вони вже були зруйновані у вашій організації?
4. Коли ви отримували «конструктивну критику»? Як ваші стосунки з цією людиною вплинули на те, як ви сприйняли її слова?
5. Яким чином ви випробували на собі цю істину: «Ваша фокус визначатиме те, кого ви слухатимете»?
6. Ви більше стурбовані тим, щоб догодити руйнівникам мрій чи догодити Богові, який вас глибоко любить? Чому?
7. Яким чином ваше минуле перешкоджало вам у здійсненні ваших мрій?
8. Подумайте про те, як ви не навмисно зруйнували мрії людей у вашій команді, а потім зробіть кілька кроків, щоб підтримати їхні мрії.

Примітка

1. Джонатан Форман і Тімоті Форман, «Ми повинні були жити» (Брентвуд, TN: EMI Christian Music Group, 2003).

7

Мета Ніколи не Буває Важливішою за Людину

Не будуйте дамбу перед тим, що має вилитися з вашого життя для когось іншого. Щоб по-справжньому жити іншим життям, треба бути готовим віддати частину свого.

У мій перший рік у Лейквуді місія нашої команди була зосереджена на переїзді до центру Compaq і підготовці до великого збільшення кількості дітей які, як ми вважали, прямували до нас. Ми повинні були працювати швидко, щоб переїхати до дитячого закладу, розробити програми, набрати волонтерів і змоделювати нові напрямки служіння.

У розпалі цієї бурхливої діяльності ми провели дві великі зустрічі з громадськістю: захід з «Овочевими казками» та захід з творцем «Дивакуватого світу» Брюсом Баррі. Не встигли ми озирнутися, як настала дата урочистого відкриття, і нас просто рознесло. Моє хвилювання та ентузіазм під час підготовки до запуску (який був видатним) засліпили мене, коли я побачив темп, який наша команда підтримувала протягом декількох місяців. Наша пристрасть до досконалості позначилася на всій команді співробітників і волонтерів. Ми досягали цілей і готували членів команди до служіння, але ми не готували членів команди до того, щоб вони були витривалими в цьому служінні. Мета стала важливішою за людей. Якби я не зняв ногу з педалі газу, то переїхав би найважливіших людей, яких дав мені Бог. Коли ваша захопленість б›є по команді, настав час переоцінити пріоритети.

Коли ваше прагнення відбувається за рахунок людей, які допомогли вам досягти цього, ви повинні запитати, чи наполягаєте ви заради того, щоб увійти в життя людей, чи заради свого бажання досягти великих результатів. Я виявив, що коли Бог хоче рухатися, це не має нічого спільного з нагальністю; це пов›язано з часом. Ми вважаємо, що маємо це зробити зараз, інакше це не буде зроблено. Ми говоримо собі, що якщо ми пропустимо вікно можливостей, двері зачиняться назавжди. Ми відчуваємо себе обмеженими тиранією нашої пристрасті (близький родич тиранії нагальності).

Наша ревність до нашої програми засліплює нас, коли ми не помічаємо, який вплив ми маємо на інших. Іншими словами, речі, які здавалися нагальними в той час, можуть не здаватися великою проблемою через кілька тижнів. Чи не керуємо ми нашими командами в ім›я безрозсудної пристрасті? Чи досягаємо ми результатів, але не враховуємо ціну тих, хто постраждав, щоб отримати бажані результати?

У своїй книзі « Доброчесність» Генрі Клауд описує випадок, коли він сидів на кормовій палубі корабля і дивився на його слід. Він писав, що можна багато чого сказати про корабель, дивлячись на його слід. Якщо слід - це пряма лінія, то судно йде за курсом. Але якщо він коливається, ви починаєте сумніватися в стабільності корабля. Коли ми зосереджуємося виключно на меті, а не на впливі на команду, ми можемо залишити багатьох членів нашої команди на нашому шляху.[1] Однак, якщо ми будуємо людину, переслідуючи мету, ніхто не потоне на нашому шляху. Як виглядає ваш шлях? Не дозволяйте пристрасті знищити людей, ви повинні бути найбільш захоплені... вашою командою.

Уроки Водіння

Ви коли-небудь запізнювалися на зустріч і вирішили проскочити через потік машин, тільки щоб зупинитися на наступному червоному світлі і помітити, що в сусідній смузі стоїть одна з машин, яку ви так терміново обганяли нещодавно? Перевищення швидкості не гарантує, що ви поїдете швидше! Швидкість, можливо, і не допоможе вам дістатися швидше, але знання допоможе. Якщо ви знаєте, якою дорогою їхати, розумієте, де найінтенсивніший рух, і заздалегідь підготуватись, ви майже завжди зможете встигнути вчасно. Коли ви знайдете час на роздуми і сплануєте свій день так, як буде найкраще для програми і команди, ви досягнете більшого зростання, ніж ви коли-небудь могли собі уявити.

Ви коли-небудь робили різкий поворот і заїжджали переднім

колесом на бордюр, а потім воно з тріском скочувалося назад на дорогу? Спочатку здається, що з автомобілем все гаразд, але незабаром ви помічаєте, що його трохи тягне вліво. Поки ви тримаєте руки на кермі, це здається нормальним. Минає півроку, і цей легкий потяг починає змушувати кермо тремтіти. Ви думаєте, що це не так вже й погано. Я все ще можу керувати автомобілем. Через кілька місяців ваші шини зношені, підшипники майже розбиті, передня частина трясется, і якщо ви відпускаєте кермо, автомобіль різко повертає вліво. Коли колеса розбалансовані, завжди все стає ще гірше.

Я бачив, як багато лідерів працюють таким чином. Вони хороші люди, які досягли успіху, але десь на цьому шляху їхній фокус зміщується, як автомобіль, що виходить з ладу. Вони починають йти на компроміс зі своєю основною метою чи переконанням. Зовсім трохи вони починають розважати ідеями, які зміщують компанію в корисливому напрямку.

Колись мова йшла про створення команди, а зараз – про формування самих себе. Вони настільки хочуть успіху, що забувають зосередитися на основних цінностях, які їх досягли. Важливо продовжувати запитувати: «Чому ми робимо те, що робимо?»

Я мав честь провести час з багатьма лідерами по всій країні та заохотити їх дослідити, чому вони роблять те, що вони роблять. Під час однієї зустрічі я запитав групу талановитих і ефективних лідерів, чому вони використали певний компонент своєї програми. Чого вони сподівалися досягти? Трохи здивовані запитанням, єдина відповідь, яку вони могли дати, — це те, що вони вважали це круто, і інші люди теж вважали б це круто. «Ну це чудово, — сказав я, — але навіщо ти це робиш? Яке повідомлення стоїть за вашою програмою? Фактор крутості зношується, якщо немає принципу. Послання – це те, що тримає його в гармонії».

Щоб залишатися в гармонії, ми повинні постійно задавати собі три питання: (1) Чому ми робимо те, що робимо? (2) Куди ми хочемо привести людей? (3) Чи відповідає те, що ми робимо, нашим основним принципам? Вертикальний лідер не боїться питань, тому що відповіді на них вже відомі.

Коли я приїхав у Лейквуд, я не будував дитяче служіння на основі того, що було зроблено в інших церквах. Я подивився, що таке Лейквуд, і спирався на ці основні цінності. Пастор Джоел є пастором надії, тому все, що ми робили, мало на меті передавати надію. Лейквуд — це церква з неперевершеним почуттям любові, тому, коли створювали команди або вітали сім'ї, ми переконувалися, що вони відчуватимуть любов. Лейквуд має неймовірну музику для поклоніння, тому одна з перших речей, над якою я працював у Kidslife, — це створення потужних команд прославлення та поклоніння.

Сьогодні у нас більше 15 різних груп поклоніння, які ведуть численні служіння. Ми віримо в людей, незалежно від того, звідки вони родом і через що їм довелося пройти. Тому всі наші лідери говорять такі слова, як» я вірю в вас»,» ваші найкращі дні попереду «і»якщо ви можете мріяти про це, ми допоможемо вам це побудувати». Усі ці основні цінності вже були частиною того, ким ми були, і вони продовжують підтримувати нас у гармонії.

Винесіть Сміття

Я люблю конференції та книги, але я бачу, що забагато лідерів слідують за конференціями замість того щоб слідувати за баченням. Вони беруть останню ідею з останньої конференції і в кінцевому підсумку діють як ресторан швидкого харчування, який виробляє все, що, на їхню думку, можна продати. Можливо, наші служіння не розвиваються так, як ми хочемо, тому що у нас накопичилося занадто багато ідей, і ми нічого не бачимо поверх цієї купи!

Ви коли-небудь бачили одне з тих телевізійних шоу, де люди поводяться як щури? Вони купують стільки речей, і їх накопичується стільки, що вони не можуть зазирнути у вікна свого будинку. Речі, які їм дійсно потрібні, такі як Меблі, робоче місце, пральна машина та сушарка, сховані за купами мотлоху. Все, що їм справді було потрібно, - це те, що вони вже мали.

Іноді нас настільки переповнюють нові ідеї, що у нас не залишається місця для того, що нам дійсно потрібно: ідеї від Бога. Бог обдарував кожного Лідера ключовими здібностями і баченням, які ніхто інший не може реалізувати. Ви виходите з рівноваги, коли починаєте слідувати баченню інших людей, замість того, щоб знайти бачення, яке Бог уже вклав у вас.

Ми також втрачаємо орієнтацію, коли переслідуємо речі, які в довгостроковій перспективі насправді не мають значення. Замість того, щоб впливати на людей і зміцнювати їх, ми в кінцевому підсумку робимо несерйозні речі. Ми втрачаємо концентрацію, коли витрачаємо свій час на рутинну роботу замість продуктивної. Іноді нам просто потрібно винести сміття! Сміття-це все, що відволікає нас від єдиного, що має значення. Мета ніколи не важливіша за людину: інвестуйте в людей.

Доктор Пол Остін дуже вплинув на моє життя. Я ніколи не зустрічав нікого, хто так піклується про скривджених і розбитих, як він. На його прикладі я зрозумів, що те, що ти робиш для себе, ніколи не матиме такого значення, як те, що ти робиш для інших. Я спостерігав, як він заходив у кімнату і переконувався, що всі важливі, крім нього. Його співчуття до людей змушує інших бути руками й ногами надії для зболеного світу. Чому він так реагує? Тому що він знає, що мета ніколи не є важливішою за людину.

Яблуко від яблуні недалеко падає. Мама Доді Остін-приклад, який багато хто з нас намагається наслідувати. Вона піклується про інших, як ангел милосердя. У свої 76 років вона-Лікарня для страждениних. За один рік вона надіслала понад 16 000 рукописних записок, щоб заохотити людей. Вона проводить щотижневу молитовну службу в меморіальній лікарні Германа, а також час молитви та зцілення кожного вівторка ввечері в Лейквуді. Подруга написала допис на своїй сторінці у Facebook про рак свекрухи та майбутню хіміотерапію. Вона хотіла, щоб усі молилися за її свекруху. Я сказав їй, що буду молитися, а також зателефоную міс Доді, яка перемогла рак, щоб вона також помолилася за неї. Вертикальні лідери-це не ті, хто вижив; вони - переможці. Міс Доді не тільки молилася за неї, але й особисто зателефонувала їй за день до початку хіміотерапії. Кетлін сказала, що вираз обличчя її свекрухи змінився в одну мить. Замість того, щоб думати про те, через що їй доведеться пройти, вона почала думати про те, що її нова подруга Доді достатньо піклувалася про неї, щоб зателефонувати і підняти їй настрій. Це момент вертикального лідера! Міс Доді знає, що мета ніколи не важливіша за людину.

Що Може Статися, Коли Мета Важливіша за Людину?

У вас коли-небудь був найкращий друг, той, з ким ви одразу подружилися? Ларрі був для мене таким другом. Я вступив до коледжу Лонг-Біч, у штаті Каліфорнія, з багатьма цілями. Моя сім›я казала мені, що я маю покликання служити, але це було останнє, чого я хотів, коли закінчив середню школу.Я хотів бути державним службовцем: мером, потім конгресменом, потім сенатором або губернатором. У мене була пристрасть служити людям, але я не вважав служителів успішними. Служителі, яких я знав, здавалося, не впливали на світ так, як я хотів. Наскільки велику різницю може мати проста робота в місцевій церкві? Я хотів служити Богу, але не як пастор. Я хотів заробляти гроші, а пастори не заробляли грошей; вони їх роздавали. Я хотів бути впливовою людиною, здатною змінити світ і творити історію. Ви помітили багато « Я « у моїх реченнях?

Коли я приїхав на Лонг-Біч, я відразу ж вступив до братства служіння, познайомившись з Ларрі того вечора, коли я дав обітницю. Ларрі був одним із найприємніших хлопців, яких я коли-небудь зустрічав. Здавалося, у нього було все; у нього були великі цілі, і ми відразу знайшли спільну мову. У підсумку ми стали жити в одному будинку з іншими друзями. Ми з Ларрі стали більше брати участь у нашому братстві. Я став президентом братства, а потім президентом Асоціації студентів-чоловіків у LBCC. Я робив те, що мав намір робити; мої цілі були досягнуті, і життя не могло бути кращим.

Я не тільки відвідував заняття та був активним у кампусі, але й керував рестораном у Лонг-Біч. Ларрі теж там працював. Ми все робили разом, від навчання до роботи, від спільного проживання в будинку до занять спортом. Здавалося, нам ніколи не набридало проводити час разом. Ми навіть давали один одному поради щодо побачень, не те, що ми завжди слухали один одного! Ми поводилися як брати, і з часом я почав грати роль старшого брата, на якого Ларрі рівнявся. Ларрі покладався на мене як на людину, на яку, на його думку, він міг покластися.

Одного вечора, після закінчення нашої зміни в ресторані, Ларрі сказав мені, що їде до будинку батьків, щоб дати сестрі трохи грошей на страхування за свою машину.

Мені здалося дивним, що він забирає гроші додому замість того, щоб оплатити страховку самому, але я вирішив, що у нього були на те свої причини. Було десять годин, коли він пішов з ресторану, а я пішов додому і заснув. О третій годині ночі я почув, як хтось приймає душ. Перекинувшись на інший бік, я спробував знову заснути, але пізніше почув, як на кухні дзвенить посуд. О четвертій годині я крикнув зі спальні: «Хто встав, лягайте спати, я намагаюся заснути!» Було тихо, поки я не почув, що вулицею їдуть служби екстреної допомоги та зупиняються перед нашим будинком. Було близько 7:00 ранку, коли я зайшов у вітальню і почув, як пожежник сказав: «Він [Ларрі] не хоче будити своїх друзів». Ларрі сидів на крайньому столику біля дивана, його очі були розширені до розміру м'ячів для гольфу. Парамедик сказав мені, що Ларрі викликав їх, тому що після прийому кокаїну здавалося, що його тіло розривається на частини.

Я запитав, чи збираються вони відвезти Ларрі до лікарні, але вони сказали, що думають, що з ним все буде гаразд; але для мене було б гарною ідеєю відвезти його до відділення швидкої допомоги лише як запобіжний захід. До цього дня я все ще не можу зрозуміти, чому вони попросили мене, людину без медичного досвіду, відвезти його до відділення невідкладної допомоги, коли вони могли його взяти. Я неохоче взяв Ларрі за руку й повів його до своєї вантажівки. Або, принаймні, я спробував провести його до своєї вантажівки. Він був настільки під впливом наркотиків, що мені було важко залишатися з ним. Поки ми їхали, він сказав мені, що збрехав про те, що збирався відвідати свою сестру, щоб віддати їй гроші за страховку. Натомість він зустрівся зі старими друзями, щоб розважитися. Він розповів, що проходив реабілітацію від наркоманії до того, як вступив до міського коледжу Лонг-Біч. Він намагався змінити своє життя, почавши школу. Тим не менш, того вечора він нюхнув кілька доріжок кокаїну, який, як ми пізніше з'ясували, був змішаний з кристалічним метамфетаміном.

Я сказав: «Ларрі, чому ти вживаєш наркотики? Це повна нісенітниця». Він сказав: «Я знаю, Сі-Джей, будь ласка, не кажи нашим друзям. Це має залишитися між нами». Розумієте, хоча ми з Ларрі випивали на вечірках, ми ніколи не йшли далі цього. Наркотики не були частиною мого життєвого плану, і я ніколи не думав, що вони були частиною плану Ларрі. Я був приголомшений, усвідомивши, що не мав жодного поняття, чи це був його перший рецидив, чи він деякий час приховував від мене вживання наркотиків. Поки я намагався зрозуміти, як дістатися до лікарні, Ларрі сказав: «Сі-Джей, я трясусь?» Я озирнувся і сказав: «Трохи, зачекай, ми будемо в лікарні за хвилину». Він знову запитав мене: «Сі Джей, я тремчу?» Мені ставало страшно, бо тремтіння ставало сильнішим. Потім Ларрі схопився за передню частину панелі приладів і вигукнув: «Сі-Джей, ДОПОМОЖИ МЕНІ!»

Голова та руки Ларрі, зірвавшись із сильних конвульсій, почали вдарятися об панель приладів і вікно. Здавалося, це назавжди, але, ймовірно, минула лише хвилина або близько того, перш ніж він припинився і його підборіддя опустилося на груди. Я відвів його голову назад однією рукою і помітив, що його очі закочуються назад. Я потиснув його і вигукнув його ім›я. Мені довелося продовжувати їхати, бо я боявся, що він помре до того, як ми потрапимо до лікарні. Викрикнувши його ім'я кілька разів, я почув, як він дуже легко пробурмотів «Сі Джей». Я не знаю, як ми доїхали до лікарні, але я відчув таке полегшення, побачивши вказівки на швидку допомогу. Я побіг викликати службу швидкої допомоги, і коли ми підійшли до вантажівки, Ларрі все ще був приголомшений. Коли ми витягли його з машини, він продовжував бурмотіти: «Сі Джей, де я?»

Коли ми потрапили до відділення невідкладної допомоги, я відчув, що починаю заспокоюватися. Усе мало бути гаразд, тому що ми добралися до лікарні, і Ларрі був у надійних руках. Все ще приголомшений тим, що сталося, я пішов додому, щоб забрати посвідчення Ларрі та ще кілька речей, а потім повернувся прямо до лікарні.

Те, що сталося далі, врізалося в моїй пам'яті. Коли я підійшов до столу, щоб передати їм посвідчення Ларрі, медсестра схопила мене й запитала: «Ти привів сюди свого друга?» Я кивнув. Вона сказала: «Ми двічі втратили його в реанімації. Він у комі на апараті штучної вентиляції легенів. Я хочу, щоб ти зробив щось для мене. Я відведу тебе за перегородку до твого друга. Я хочу, щоб ти розповів своїм друзям, що можуть зробити наркотики. Дуже багато дітей втрачають життя через безглуздий вчинок. Я не хочу, щоб більше хтось із твоїх друзів гинув». Коли ми обходили перегородку, я не міг повірити своїм очам: мій найкращий друг лежав у комі, підключений до, здавалося, кожного апарату в лікарні. Мій розум онімів, тому що я думав, що все гаразд, але це не так.

Протягом наступних кількох місяців я спостерігав, як Ларрі втрачав з 82 кілограмів до 41 кілограма. Я сів біля його ліжка і сказав: «Ларрі, якщо ти мене чуєш, Ісус любить тебе». Я чув, що люди в комі можуть чути нас, навіть якщо вони не можуть відповісти. Я не знав, був Ларрі християнином чи ні, тому я сказав йому: «Ларрі, Ісус любить тебе. Все, що вам потрібно зробити, це запросити Його у своє серце». У своєму дусі я почув голос, що звернувся до мене, кажучи: "Крейгу, ти мав усі можливості розповісти йому про Мене, але ти цього не зробив. Не дозволяйте іншим друзям загинути, не розповівши їм про Добру Новину».

Я міг привести Ларрі до Христа будь-якої миті. Він довіряв мені. Він пішов би за моїм прикладом, але я ніколи не використовував свій вплив на його життя. Я був настільки зосереджений на тому, чого я хотів досягти і як я хотів бути успішним, що я ніколи не ділився Христом з Ларрі.

Я не несу відповідальності за рішення Ларрі чи за його спасіння.

Це між Ларрі та Богом. Я відчув, що Бог мені сказав: «Крейгу, мета ніколи не є важливішою за людину. Впливай на людей позитивно, Крейг, а не негативно. Даруйте надію та життя та звертайте увагу на тих, хто навколо вас, на кого ви маєте вплив. Не захоплюйтеся програмою настільки, що забудеш про людину. Успіх - це не те, що ви можете досягти; успіх - це те, кого ти можеш побудувати». Є різні види лідерів, але я вірю, що всі ми можемо бути лідерами.

Ми всі можемо мислити вертикально. Коли ми використовуємо лише власні очі, а не дивимося очима Бога, трагедія, подібна до тієї, про яку я щойно розповів, може статися прямо під нашим носом.

Невдовзі після того, як ми поховали Ларрі, я влаштував перший форум про наркотики та алкоголь у коледжі Лонг-Біч Сіті, де мама Ларрі тримала фотографію свого сина. Ми поговорили з сотнями студентів. Історія Ларрі вплинула на тисячі людей, молодих і старих. Бог не звинувачував мене за Ларрі. Він нагадував мені про вплив, який я міг мати на всіх Ларрі, яких зустріну в майбутньому. Наскільки міг, я ніколи не дозволяв іншому другу загинути, не почувши послання надії з мого життя. Тоді я зрозумів своє справжнє покликання допомагати розвивати лідерів, які можуть принести надію та відновлення дітям і сім'ям через місцеву церкву. Я чув, як кажуть, що іноді ви можете зустріти свою долю на шляху, яким ви йдете, щоб уникнути її.

Коли ви сідаєте за кермо свого автомобіля з дітьми на задньому сидінні, ви є прикладом для наслідування — лідером. Перебуваючи в офісі, ви можете думати, що нікого не хвилює, як ви себе ведете, але ви помиляєтеся, адже ви лідер. Коли ти ходиш в університет і живеш в гуртожитку зі своїми друзями, ти лідер. Якщо ви генеральний директор багатомільярдної корпорації, ви не просто заробляєте гроші, ви лідер, який впливає на життя. Не будуйте дамбу перед тим, коли потрібно вилити з свого життя в чуже. Щоб по-справжньому керувати чужим життям, ви повинні бути готові відмовитися від частини свого власного.

Погляд з Окопів Вгору

Ешлі Херст
Член команди Лейквуд

Під керівництвом пастора Крейга я очолювала групу людей над великим проектом у нашій церкві. У мене було двоє людей, які, керуючи різними частинами проекту, також повинні були працювати разом. Вони не ладнали, і я постійно гасила пожежі між ними. Мені довелося або вибрати сторону, або засмутити обох. Це було важке місце, і я постійно боролася з тим, що робити і як принести спокій у команду. Один із лідерів мав погане ставлення та почав говорити образливі речі про іншу людину решті команди. Інший лідер хотів піти і почав пропускати деякі наші зустрічі.

Я багато разів зверталася до Бога, шукаючи мудрості. Здавалося, що чим більше я намагалася принести мир, тим важче було його знайти. Я хотіла закрити проект, але через сотні залучених людей це не було варіантом.

Під час розмови з пастором Крейгом він сказав мені молитися і шукати Бога за мудрістю, а також досліджувати своє серце, щоб побачити, чи є щось, що мені потрібно змінити. Моя перша думка була, Ви жартуєте? Я зробила все можливе, щоб вони двоє були раді. Я зробила все, що могла придумати. Але я була у відчаї. Я не хотіла зазнати невдачі і знала, що проект ніколи не буде завершеним, якщо не станеться щось кардинальне. Мені було дуже важливо запитати Бога, що я можу змінити, тому що я не вважала, що роблю щось погане.

Отже, я пішла додому, стала на коліна і заволала до Бога, щоб Він допоміг мені дослідити моє серце, щоб побачити, чи потрібно мені щось змінити. Я відчула, ніби Він говорить мені, що мені потрібно упокоритися і вибачитися перед волонтером із поганим ставленням. Я була повністю розгублена. Я думала, Чому я повинна вибачатися перед цією людиною? Господи, хіба їй не варто вибачитися переді мною? Вона тут спричиняє розкол, а не я! Я відчула, що Бог каже: «Якщо хочеш миру, то впокорись перед нею». Приблизно через годину я подзвонив їй і вибачилася.

Я сказала їй, що мені шкода, якщо я зробила щось, що змусило її відчути, що її робота не важлива, або якщо здається, що я виявляю прихильність до іншого лідера. Я сказала їй, наскільки вона важлива для команди і як я ціную те, що вона робить.

Її відповідь була абсолютно неочікуваною. Спочатку вона втратила дар мови, а потім сказала: «Дякую. Тижнями я чекала і мала потребу почути, як ти скажеш ці слова». Я не могла в це повірити. Вона відчувала себе покинутою. Вона не думала, що я хочу її бачити в команді чи потребую її. І, подумавши про все, через що ми пройшли, я зрозуміла, що іноді я віддавала перевагу іншому лідеру.

Я зрозуміла, що поставив перед людиною мету — реалізацію проекту. Я знала, що не заохочувала і не підтримувала її так, як належить лідеру. Я була тим, хто помилився. Мені потрібно було упокоритися і вибачитися.

На нашій наступній зустрічі було ніби нова команда. У кімнаті був мир. Все ідеально стало на свої місця; нарешті була єдність! І все це сталося тому, що я впокорилася і зрозуміла, що ставлю перед своєю командою ціль.

Проект закінчився величезним успіхом. Ми отримували листи та хвалу від усієї нашої церкви. Було охоплено багато життів і багато людей покаялося. Це був досвід, який змінив життя для всіх учасників.

Я дуже вдячна за пораду пастора Крейга. Я ніколи не буду робити інший проект, не переконавшись, що я ставлю свою команду попереду мети. І я ніколи більше не буду соромитися упокорювати себе і робити все, що Бог просить мене робити. В Якова 4:10 написано, “Упокорте себе перед Господом, і Він піднесе вас.” Я відчула, що упокорення себе підняло не лише мене з честю, але й всю мою команду.

Це був дуже важкий досвід, але я отримала цінний урок про

те, як керувати командою. Мій погляд на те, ким має бути лідер, змінився. Тепер я знаю, що лише досягнення мети не означає успіх; процес керівництва командою не менш важливий і може принести ще більший успіх. Яка користь від досягнення мети, якщо в процесі людей ображають і з ними погано ставляться? У всьому, що я роблю зараз, я прошу Бога, що я можу змінити в собі як лідері, щоб зробити свою команду успішнішою. Я завжди перевіряю своє серце та мотиви, щоб переконатися, що мій Бог і моя команда є першочерговим завданням, а не мета.

ПРАКТИЧНІ ЗАВДАННЯ

1. Опишіть час, коли тиранія вашої ревності засліпила вас від впливу, який ви мали на інших.
2. Поміркуйте над тим, як ви керували своєю командою протягом минулого року, відповівши на три запитання щодо узгодження:
   - (1) Чому ви робите те, що робите?
   - (2) Куди ви хочете привести людей?
   - (3) Чи відповідає те, що ви робите, вашим основним принципам?
3. Яке «сміття» заважає вам зрозуміти Боже бачення для вас як лідера вашої організації?
4. Чи мали ви подібний досвід дружби, як моя дружба з Ларрі в університеті? Яким чином ви ставитесь до того, чого Бог навчав мене після смерті Ларрі?
5. Складіть список важливих людей, які потрапили у ваше життя. Вирішіть, чи поставили ви свої особисті цілі вище позитивного впливу на життя кожного з них.

Примітка

1. Доктор Генрі Клауд, Чесність: Мужність Відповідати Вимогам Реальності (Нью-Йорк: Харпер-бізнес, 2006), стр. 18.

8
Репутація ’R’ Us

Повноту в житті не можна досягти, збираючи матеріальні речі; її можна досягти, тільки будуючи людей.

Маркос Вітт, один із найнеймовірніших лідерів, яких я знаю, ділився перед групою молодіжних лідерів, сказавши: «Кожен має бути затвердженим. Затвердження — це надання людині репутації, якої вона повинна відповідати».[1] Коли ми схвалюємо людей, ми закладаємо основу для того, щоб вони стали найкращими собою. Ми створили їм репутацію, яка надихає їх піднятися вище рівня, на якому вони були. Наші слова допомагають іншим побачити себе з іншої точки зору. Справжнє затвердження також допомагає нам отримати найбільшу винагороду в житті: позитивний вплив на життя іншої людини. Нагорода в житті полягає не в тому, щоб озиратися назад, щоб побачити скільки ви досягли, а в тому, щоб побачити, скільком людям ви допомогли на цьому шляху. Коли ви стверджуєте, надихаєте та зміцнюєте людей, ви досягнете більше, ніж могли б зробити самі. Щоб створити репутацію, Маркос закликає лідерів стати майстрами слова, які малюють картини надії. Які картини ви малюєте?

Ваше полотно підбадьорення порожнє? Давайте візьмемо пензлик і розглянемо кілька способів заохотити інших досягти своїх цілей.

Перший Штрих Пензля: Виберіть Свої 12 і Утвердіть Їх

Наші співробітники двічі на рік відправляють вітальні листівки кожному члену команди. Це не загальні листи подяки, а добре продумані листівки, призначені для кожної людини. Вам потрібно знати свою команду, перш ніж ви зможете поговорити про життя своєї команди. У нас понад 1250 волонтерів у Kids life. Можливо, я не знаю всіх членів своєї команди особисто, але хтось з моїх співробітників знає! У цьому сила виховання учнів. У той час як Ісус говорив з тисячами, він вкладав в 12. Ця давня модель рабина, що інвестує в життя невеликої кількості учнів, є однією з найбільших моделей лідерства, коли-небудь створених. Учні Ісуса були не просто людьми, які слідували за ним; вони були його командою лідерів на тренінгах. Важливо, щоб команда, яку ви створюєте особисто, була не надто великою. Виберіть своїх 12 осіб і йдіть вглиб. У той же час ви також ввійдете у велику групу у вашій організації, але на іншому рівні.

Лідери часто помилково намагаються створити корпоративну групу, перш ніж створювати малу групу. Ісус знав, що для досягнення ефективності він може працювати з невеликою групою і при цьому звертатися до загального натовпу. Він знав, що «команда поглибленого вивчення» буде розгалужуватися і розмножуватися, переходячи від будинку до будинку, щоб створити корпоративну групу.

Коли я працюю над вітальними листівками, я надсилаю їх лише своїй невеликій групі, приблизно з 20 осіб. Мені потрібно цілий день писати їх, бо я знаю, що особисті слова заохочення повинні бути конкретними. Моя команда знає, що я знаю, над чим вони працюють, і який вплив це має. Ви коли-небудь зустрічали керівника, який відчуває, що гострі відчуття минули або медовий місяць закінчився? Часто це відбувається тому, що вони не усвідомлюють віддачі від свого сумлінного служіння. Ці заохочувальні Листівки можуть перетворити рутинну роботу в чудову можливість виконати роботу, яку можуть виконати тільки вони.

Звичайно, інші могли б виконати цю роботу, але Бог не дав вам інших; він дав вам цю команду.

Мені подобається сцена з фільму Команда з Штата Індіана де зірковий гравець вирішив не грати за команду. Коли команда виходить на корт, щоб бути представленою на мітингу бадьорості духу, вболівальники починають скандувати ім›я зіркового гравця. Тренер каже: «Я сподіваюся, ви будете підтримувати тих, хто ми є, а не тих, ким ми не є. Ці шість людей зробили вибір працювати, вибір пожертвувати собою і поставити себе на кін, щоб представляти вас.

Така відданість і зусилля заслуговують і вимагають вашої поваги. Це ваша команда!"

Чудово проектувати та оцінювати, де ви знаходитесь і ким хочете бути, але лідери роблять помилку, коли не витрачають час на визначення того, що вони вже мають. Є різниця між підбором команд і створенням колективів. Ви не завжди можете вибрати свою команду. Ваш вибір-або створити команду, яку вам дали, або скаржитися на те, що у вас немає команди, яка повинна бути. Пам›ятайте, це ваша команда. Почніть з цього. Підтримуйте того, хто ви є, а не того, ким ви не є.

Я не лише пишу листівки, але й надсилаю численні електронні листи, щоб відзначити добре виконану роботу або як заохочення під час роботи над проектом. Ми пам'ятаємо дні народження листівками та вечірками, щоб відсвяткувати їх день. Ми даємо людям те, що ми в команді називаємо «забрати додому». Зазвичай це якийсь наочний урок або мета віри, щоб допомогти їм побудувати своє особисте життя. Картки мрій є одним із прикладів того, що ми можемо дати ось це «забрати додому».

Іншим прикладом може бути те, що ми дали батькам велику монету Kidslife, щоб вони носили її з собою, щоб нагадувати їм про цінність їхньої сім'ї. Ми щомісяця писали молитви для наших співробітників про проблеми, з якими стикаються керівники в повсякденному житті. Ми публікуємо їх як на нашому веб-сайті, так і на компакт-дисках, щоб їх можна було слухати в машині.

Перший Штрих Пензля: Слова Підбадьорення

Словесне заохочення найефективніше, коли воно справжнє та послідовне. Ви не можете підбадьорювати зі сторони. Деякі лідери втручаються в життя людей лише у важливі моменти. Вони дивляться лише на моменти Фіналу, а не на тренування, які приведуть вас до великої гри. Іноді ми настільки зайняті пошуком важливих подій у житті, що забуваємо, що маленькі моменти мають значення. Гравцеві доводиться сповільнювати дії на полі, щоб бути впевненим, що він робить точний пас. Великі лідери цінують можливості, які більшість лідерів пропустять. Те, що інші можуть вважати незначним, вертикальні лідери вважають суттєвим.

Мені важко постійно підтримувати контакт з усіма нашими працівниками та командою волонтерів. Що я роблю, це щотижня прохожусь по Kidslife та молодіжному відділу, щоб привітатися та підбадьорити свою команду, щоб я міг мати з ними постійний зв›язок. Чи повинен я це робити? Необов›язково. Але яку величезну різницю може мати можливість робити те, чого вам не потрібно робити. Тім-білдери вчать свою команду на власному прикладі. Якщо я перебуваю у своєму кабінеті, мої керівники залишаться у своїх кабінетах. Якщо я перебуваю на майданчику, спілкуючись зі своєю командою, мої керівники будуть на майданчику, спілкуючись зі своєю командою. Ральф Уолдо Емерсон сказав: «те, що ти робиш, так голосно звучить у моїх вухах, що я не чую, що ти кажеш».

Пастор Джоел та Вікторія вітають кожного відвідувача після кожного служіння в Лейквуді. Я ніколи не бачив, щоб будь-який пастор піклувався про нову людину більше, ніж Джоел. Багато людей приїжджають з усього світу, щоб відвідати Лейквуд, і Джоел не хоче їх розчаровувати. Якщо вони знайдуть час прийти, Джоел і Вікторія знайдуть час привітатися. Вони могли повернутися до своїх кабінетів і підготуватися до наступного служіння, але натомість Остіни особисто вітатимуть сотні людей, які вишикуються після кожного служіння. Це справляє величезне враження на відвідувачів, так само, як це справляє величезне враження на вашу команду, коли ви виконуєте додаткову роботу з встановлення індивідуального контакту з ними. Нижче наведено кілька різних ідей, які ми послідовно використовуємо для створення наших команд.

Щотижневі Богослужіння та Зустрічі Працівників

Раніше ми проводили двогодинні наради з працівниками, на яких виступали тільки одна або дві людини. Я спостерігав, як моя команда виходила з цих зустрічей спустошеною, а не натхненною. Якщо все, про що ви говорите, - це справи і завдання, хоча відбуваються захоплюючі речі, ви відчуваєте себе порожніми.

Одного разу Бог промовив до мене, сказавши, що моє завдання номер один як лідера — будувати та надихати людей, яких я очолюю. Нехай справи та завдання витікають з духовного, замість того, щоб чекати, що духовне вийде з завдань та справ. Це змінить вашу команду. Тож замість того, щоб проводити двогодинні збори персоналу, обговорюючи справи, ми починали кожну зустріч з 15 хвилин молитви та поклоніння. Ми включили час підзвітності, де люди могли об'єднатися, щоб поділитися особистими потребами, потребами служіння та похвалити людей. Щотижня я готую 30-хвилинну духовну промову лише для нашої команди, щоб підбадьорити їх. Зустріч будується навколо того, щоб надихнути їх піднятися вище. Потім ми виділяємо 45 хвилин на роботу над справами.

Цей новий формат змінив наші зустрічі команди. Якщо колись обговорення справ займало дві години, то тепер лише 45 хвилин. Хоча я впевнений, що раніше мої керівники боялися ходити на лідерські збори, тепер більшість команди каже, що це головне, чого вони чекають щотижня. Чому тому що справи та завдання іноді може обтяжувати, але заохочення підніме. Отримавши натхнення, вони готові приймати виклики з іншим мисленням.

Командні Вітання

Упродовж усього Kidslife ви побачите та почуєте численні галаси та вітання. Підбадьорення є креативними та характерними для кожної групи та створюють відчуття командного духу, який готує їх до боротьби зі світом. Кожна команда вболіває по-своєму після закінчення часу в малих групах. Ви можете сказати: «Крейг, це банально, я дорослий, а не старшокласник». Хоча ви можете бути дорослим, ви також є частиною команди, і команди підбадьорюють одна одну. Якщо ви не дасте своїй команді моделі чи інструментів, щоб підбадьорювати один одного, вони знайдуть щось інше, за що вболівати. Чим більше ви вболієте, тим більше людей почують. Підбадьорення людей приваблює натовп, але критик зазвичай стоїть один. Стань найбільшим уболівальником своєї команди!

Малі Групи

Кожна служба для кожного класу в Kidslife має час для малих груп щотижня. Лідери проводять увесь час у малих групах, щоб підбадьорити свої команди та чітко повідомити майбутнє бачення та напрямок для Kidslife. Це також чудовий час для молитви та підбадьорення один одного. Лише в Kidslife ми маємо понад 150 малих груп служіння. Якщо ви керуєте підрозділом у своєму бізнесі та розподіляєте його за відділами, ви можете створити невелику групу з керівниками відділів, а керівники ваших відділів мали б провести час у невеликій групі зі своїми керівниками команд тощо.

Зустрічі Великої Команди

Наші щоквартальні зустрічі команд розроблені спеціально для волонтерів і лідерів, щоб надихнути їх піднятися вище. Вони присвячені програмі, яка вшановує наших керівників за видатні вчинки, які вони виконують щотижня.

Лідерські Конференції

Хоча ми заохочуємо наших лідерів відвідувати деякі чудові конференції лідерства, ми виявили, що було важко взяти одних і залишити поза увагою інших, які дійсно цього потребували. Ми почали планувати наші власні лідерські конференції для співробітників і волонтерів тут, у Лейквуді. Наші конференції безкоштовні, у них беруть участь керівники наших власних команд, а також сторонні спікери. Ми можемо дати нашим лідерам можливість розвиватися, маючи на вибір багато різних класів. Якщо у вас є бізнес або церква, ви можете робити те саме, незалежно від розміру. Ви можете бути здивовані тим, скільки людей у вашій організації можуть запропонувати навички або навчатися лідерству. Наша «Ключова конференція» допомогла вивести наших лідерів на новий рівень.

Третій Штрих Пензля: Дари Підбадьорення

Це заохочувальні подарунки, які демонструють вдячність і доцінення, які ми відчуваємо до кожного волонтера чи співробітника, який так старанно працює в нашій команді.

Подарункові Картки

Час від часу я купую п'ятидоларові подарункові картки Blockbuster або Starbucks, які просто висловлюють щиру подяку від нашого серця до вашого.

Ви будете вражені тим, як маленька подарункова картка може підбадьорити одного з ваших лідерів. Це думка, що ви достатньо піклувалися, щоб знайти час, щоб зробити щось для них. Вони люблять це! На нашій останній командній зустрічі в цьому році ми роздаємо велику «подяку». Кожен працівник або купує, або отримує кілька подарунків, і ми влаштовуємо чудовий вечір, вшановуючи нашу команду, розігруючи подарунки для членів команди та волонтерів. Це дивовижний вечір, який надихає багатьох людей.

Командні Нагороди

На щоквартальних зборах команди кожен співробітник обирає видатного волонтера, який виконав надзвичайну роботу в служінні. Ми оголошуємо ці «зіркові нагороди» перед усією командою та передаємо їх сертифікат книжковій крамниці Лейквуд. Це справжня честь, і приємно спостерігати, як команда, з якою вони працюють, підбадьорює їх за досягнення.

Служіння Людям

Протягом багатьох років ми виконували різноманітні дії для членів команди: ми надсилали команди, щоб допомогти співробітникам переїхати, прибрати їхні будинки після урагану та принести їжу, коли хтось хворіє чи переживає втрату. Ми плануємо дитячі свята та дні народження для волонтерів і персоналу. Мабуть, одна з найбільших речей, які надає наша церква, — це безкоштовний догляд за дітьми для нашого персоналу протягом робочого тижня та безкоштовний догляд за дітьми під час служіння ввечері. Це дозволяє волонтерам і персоналу брати участь у церковних заходах, а також благословляє їх фінансово.

Четвертий Штрих Пензля: Дар Навчання Та Розвитку

Ми пропонуємо багаторівневу підготовку для всіх наших співробітників. «Базове Навчання» готує кожного нового лідера-волонтера до початку служби в Kidslife. Навчання «Підвищити планку» не тільки допомагає волонтерам розвиватися у відділі, але й розвиває лідерські навички в будь-якій сфері, у якій вони хочуть просуватися в Kidslife. «Зірковий тренінг» вчить духовності, командній роботі, як бути посланцем та відповідальності (безпеці). Після завершення чотирьох модулів людина стає сертифікованим членом команди Kidslife STAR.

Ми також розробили три рівні підготовки лідерства для кожної вікової групи, починаючи з третього класу.

J-Life — це навчальна програма наставництва, яка розвиває дітей у багатьох сферах лідерства та мистецтва. Ми випускаємо понад 150 дітей на рік. Teen-life, програма лідерства для учнів від сьомого до дванадцятого класів, надає можливості служити та розвивати лідерські навички та навчає понад 250 молодих людей, які служать у Kidslife. Нарешті, програма стажування Лейквуд — це дев'ятимісячна програма занять з лідерства, розвитку в багатьох служіннях та тренінгів для дорослих, незалежно від того, чи хочуть вони підвищити своє лідерство на ринку чи бути в служінні на повний або неповний робочий день. У нас щороку в різних відділах працюють від 25 до 30 стажерів.

Будуйте Людей; Будуйте Організацію

Kidslife має успіх не завдяки церкві, в якій ми знаходимося, програмам, які ми організовуємо, чи будівлі, яку ми займаємо. Kidslife досягає успіху завдяки Богові, якому ми служимо, і людям, яких ми будуємо для служіння іншим. Якщо ви будуєте людей, ви створите організацію. Мета ніколи не може бути важливішою за людину, тому що людина допомагає досягти мети.

Погляд з Окопів Вгору

Шона Коллінз Лейквуд Волонтер

Одна з найважливіших речей, яких я навчилася від пастора Крейга, це те, що лідерство — це просто вплив. Вплив — це дія, яка має ефект вплив без прямого наказу. Вау, якщо я впливаю на людей, я веду їх за собою? Я використовувала цю концепцію на роботі та вдома, навчаючи своїх дітей, що вони є лідерами, коли впливають на інших. Чи використають вони свої лідерські якості, щоб впливатимуть на когось належним чином?

Те, що ми лідери в душі, не робить нас хорошими лідерами! Пастор Крейг навчив мене, що якщо я хочу бути хорошим лідером, мені потрібно впливати на ситуацію, а не дозволяти ситуації впливати на мене. Хоча останні шість років я обіймала керівні посади в своїй кар'єрі, я ніколи не думала про це таким чином. Я припускала, що я була природженим лідером і що я просто маю те, що потрібно, чи не так? Як я помилялася всі ці роки! Я взяла цю концепцію, навчену від пастора Крейга, і включив її в усі свої відносини.

Якщо у мене є можливість вплинути на когось, у мене є можливість вивести когось на правильний шлях!

Основою лідерства є відносини. Люди не погодяться з вами, якщо вони не ладнатимуть з вами (ще один виклад від пастора Крейга). Незалежно від того, наскільки ми зайняті, ми повинні знаходити час для інших. Великі лідери цінують людей і залишаються доступними. Під час мого стажування пастор Крейг попросив стажерів щотижня надсилати йому електронні листи з описом одного вчинку доброти, який ми зробили для когось у своєму житті. Це звучало як легке завдання, але мені справді потрібно було навмисно знайти когось, з ким би було добре! Мені так сподобалася ця концепція, що я застосувала її на роботі зі своїми співробітниками, і це створило багато позитивного відношення. Мої співробітники працюють у різних місцях, тож я вирішила піти далі й повідомити їм, як я ціную їх! Я розіслала їм листи подяки додому, і люди почали розповідати іншим відділам, як багато це означає для них. Ми включили цю політику в усю нашу організацію з 4000 співробітників, і тепер у цьому світі є набагато більше людей, які почуваються дещо більш цінними!

Навчання лідерству, яке я отримала від пастора Крейга, було безцінним, особливо його вчення про характер і чесність. Лист до Тита 2:7-8 "У всьому самого себе подавай як приклад добрих діл: у постійному навчанні, статечності, [чистоті], у здоровому й бездоганному слові, щоб супротивник засоромився, не маючи нічого поганого про нас сказати". Ваші навички можуть завести вас далеко, але ваш характер утримає вас там.

Коли я приймаю важкі рішення щодо найму, я зрозумів, що можу навчити людей певним службовим обов'язкам, але характер – це те, на що я повинна звернути увагу, тому що я не можу цьому навчити людину. Характер і чесність є найважливішими якостями, яких я шукаю в будь-яких відносинах, робочих чи особистих. Я дотримувалася принципу чесності практично на кожній зустрічі або в кожному рішенні, яке приймала команда вищого керівництва в нашій компанії. Тепер мій бос каже нашим клієнтам, що я тримаю його під контролем, якщо він почне робити щось, що може поставити під загрозу нашу чесність.

Одного разу, після зустрічі з кількома потенційними клієнтами (на якій ми обговорювали одну з наших цінностей — чесність!), вони їхали з нами в ресторан на вечерю. Мій бос збирався розвернутися машиною там, де було ясно сказано, що РОЗВОРОТ ЗАБОРОНЕНИЙ, і я швидко сказала йому в жартівливій манері: «Ей це показує чесність?» Він не став розвертатися, і він все ще сміється над тим, що я дуже серйозно ставлюся до нашої цінності чесності.

Якщо ми будемо вірні Богу в кожному аспекті нашого життя, великому чи малому, він буде вірний нам і довірить нам набагато більше!

Нам потрібно зв›язати всі ці принципи воєдино, шукаючи Бога через молитву і через Його Слово. Перебуваючи в молитві, ми завжди повинні перевіряти свої серця, щоб переконатися, що вся слава і пошана дістаються Богу. Пастор Крейг є для мене прекрасним прикладом лідера-слуги, який проявляє смирення, ведучи за собою інших. Він навчив мене, що кожен має потенціал і повинен відчувати, що чогось досяг і вплинув. Як лідери, ми повинні залишатися в гармонії і залишатися зосередженими на людях у нашому житті!

ПРАКТИЧНІ ЗАВДАННЯ

1. Утвердження - це створення репутації, якій людина повинна відповідати. Опишіть випадок, коли хтось затвердив вас і надихнув рухатися в новому напрямку.
2. Чітко визначте, які співробітники у вашій організації є вашими «12». Напишіть особисту записку з підтвердженням кожному з цих людей.
3. Які з перерахованих нижче різних ідей словесного заохочення ви плануєте впровадити в свою керівну команду:

    - Щотижня йду до людей, щоб сказати слова схвалення членам команди
    - Навмисне знайомство з відвідувачами або новими клієнтами
    - Щотижневі богослужіння
    - Подяка команді
    - Малі групи
    - Великі командні зустрічі
    - Внутрішні лідерські конференції

3. Які заохочувальні подарунки ви могли б легко подарувати членам своєї команди? Який вплив це матиме на вашу команду?
4. Оцініть обсяг і якість навчання, пропонованого вашій команді. Що ви додасте в майбутньому, щоб зміцнити свою команду?

Примітка

1. Маркос Вітт, промова, виголошена в червні 2009 року в Церкві Лейквуд.

9

Золота Рибка

Вертикальні лідери ніколи не дивляться вниз, тому що вони не бачать, що попереду; не будуть просто дивитися вперед, тому що вони можуть бачити тільки досі; але завжди дивитимуться вгору, бо знають, що у Бога найкращий погляд.

Спортина риболовля на окуня розпочалася саме тут, у Техасі, і зараз вона має великий грошовий тур із головним призом у 500 000 доларів. Я не знаю про вас, але я ніколи не думав про риболовлю як про видовищний вид спорту. Ви можете чекати цілий день, поки хтось зловить лише одну рибу. Але на риболовецьких турнірах рибалкам дається певна кількість часу, щоб зловити до п›яти риб. Коли вони причалюють, кожна риба зважується. Учасник, який набрав найбільшу сумарну вагу, виграє великі гроші. Ця риба вважається»золотою». Коли я запитав одного рибалки, що станеться, якщо ви нічого не зловите, він засміявся і сказав: «Якщо ви знаєте, де ловити, у вас є відповідні приманки і ви наполегливі, ви зазвичай повертаєтеся з чим-небудь. Але якщо ви хочете ‹золоту рибку›, вам потрібно знайти підходяще місце».

У 5-му розділі Луки, Симон та його брат ловили рибу на Генісаретському озері, поки Ісус проповідував натовпу на березі. Побачивши, що вони не зловили жодної риби, Ісус сів у човен і велів їм відчалювати від берега. Час для турніру по риболовлі! Повернувшись до Симона, Ісус сказав:"Відпливи на глибину і закинь сіті для риболовлі!". Симон заперечив:"Наставнику, цілу ніч ми трудилися, але нічого не піймали". Ісус знав, що якщо знайти підходяще місце, мати відповідні приманки і бути наполегливим, то можна зловити багато риби. Симон та його товариші закинули свої сітки і зловили стільки риби, що їхні сітки не змогли вмістити всіх. Ті з нас, хто намагається створити команду лідерів, повинні звернути на це увагу. Є три ключі до риболовлі для членів команди:

(1) знайте, де ловити рибу, (2) використайте правильну приманку, (3) будьте наполегливі.

Знайте, Де Ловити Рибу

Для багатьох церков по всій країні оплачувані працівники є розкішшю. Більшість церков наймають працівників для заповнення кількох ключових посад, а потім створюють базу волонтерів. Під час мого перебування в церкві громади віри у нас було велике зібрання та майже 2000 дітей, яким потрібно було служити, і лише двоє співробітників працювали повний робочий день, а двоє - неповний робочий день. Наша керівна команда повинна була базуватися на волонтерах, але мені потрібні були високоефективні орли, які могли б підняти програму на новий рівень. Коли так багато потрібно зробити і мало ресурсів під рукою, вертикальні лідери повинні розставляти пріоритети і орієнтуватися на рішення. Однак створення команд рідко стає пріоритетом, оскільки це сприймається як важка, трудомістка робота. Проте, в довгостроковій перспективі без команди виявляється неможливим задовольняти потреби церкви і допомагати їй рости. Занадто багато часу витрачається на підтримку церкви, а не на її будівництво. Служіння окремим людям може бути кінцевою метою вашої церкви, але це не найважливіше, що ви можете зробити. Чому? Ви, мабуть, не зможете служити їм усім самостійно. Ваша команда сприятиме або перешкоджатиме вашому зростанню.

Те саме стосується бізнесу. Ми зосереджуємось на продажах, тому що саме звідти беруться гроші, тоді як ми повинні зосередитися на створенні команди для продажів! Я розумію, що ми повинні продавати, поки будуємо, але нашим пріоритетом має бути Будівництво. Великі лідери в історії досягли успіху не поодинці.

Отже, якщо ви не можете дозволити собі найняти персонал, де ви знайдете свою команду? Ви коли-небудь ходили на риболовлю і бачили 20 човнів в одному районі? З такою кількістю човнів, як ви думаєте, скільки риби залишиться? Багато служінь та підприємств ловлять рибу в одному ставку. У їхніх волонтерів в роті багато гачків;

вони служать у кількох служіннях. Потрібен вертикальний лідер, щоб попросити Бога показати їм Новий Ставок. Нам потрібно ловити рибу в ставку, який тільки Бог може побачити з точки зору Google планета земля.

Чи справді Бог покаже нам, де нам потрібно ловити рибу? Кожного разу, коли я потрапляв у нову ситуацію лідерства, все було інакше; і все ж кожного разу я знав, де ловити рибу для лідерів. Кожного разу я думав нестандартно, бо знав, що Бог не збирається робити щось звичайне. Я знав, що Бог збирається показати мені інший спосіб робити речі. Ви могли б подумати, Якби я міг змусити пастора зробити оголошення, то я б набрав добровольців, які мені потрібні. Питання не в тому, чи наберете ви волонтерів, а в тому, чи наберете ви саме тих волонтерів, які вам потрібні.

Бог ніколи не дає керівнику легкого завдання. Перед нами стояло важке завдання: створити команду, не наймаючи працівників. Як ми могли знайти добровольців, які могли б приділити час, необхідний для того, щоб по-справжньому підняти служіння? Ми не могли просто ловити рибу в одному ставку з усіма іншими; нам потрібно було знайти нову водойму! Я повинен був довіряти Богу, щоб він показав мені, де знайти велику рибу. У дитячому служінні ми зазвичай шукаємо вихователів, мам або будь-кого, хто дихає. Однак цього разу нам потрібні були вертикальні лідери, які могли б виховувати людей, розвивати служіння та просувати бачення. Мені потрібно було знайти штат людей, не платячи персоналу.

Бог спонукав мене шукати людей, які ніколи не думали про дитяче служіння. Одна річ, яку я засвоїв, полягає в тому, що в Божому виборі немає нічого передбачуваного. Немає вчителів початкових класів і немає супер-мам. І все ж це були люди, з якими я був поруч весь час, ті, хто, на мою думку, був близький до дитячого служіння. Але Бог закликав мене дивитися далі.

Можливо, вас шокує думка про те, що вам не потрібно набирати людей, що мають відношення до вашої галузі служіння. Хоча ви не хочете набирати в дитяче служіння людей, які ненавидять дітей, вам також не обов›язково залучати тільки тих, хто захоплений дітьми. Я знаю, що керівникам дитячих організацій може бути важко це усвідомити, але пам›ятайте, що всі намагаються ловити рибу з одного ставка. Хто сказав, що людина, яка раніше ніколи не мала бажання працювати з дітьми, не може працювати в дитячому служінні?

Мені потрібні були люди, які виховували б дорослих, а не тільки дітей. Ми будували церкву всередині церкви, яка надавала б людям безліч можливостей для служіння в дитячому та сімейному служінні. Хто сказав, що в служінні для самотніх повинні працювати тільки самотні? Хіба подружня пара не може вести групу? Ми збиралися створити щось таке, що виходило б за рамки одного департаменту, пов›язувало б з іншими служіннями і надавало людям різноманітні дари і можливості служити.

Спочатку я скептично ставився до риболовлі в новому водоймі. Зрештою, я звик працювати з людьми, які люблять дітей. Я зрозумів, що мені потрібно вийти за рамки звичного. Коли спілкуєшся з новими людьми, у тебе з›являється нова перспектива. Отже, я прямував на незвідану територію, шукав новий ставок для лову риби, шукав тих, хто допоможе побудувати майбутнє. Одного разу, зайшовши в церковний спортзал, я помітив жінку, яка сиділа з книгами і комп›ютером, працюючи на підлозі в коридорі. Вона обладнала кабінет у коридорі, поки її діти відвідували одну з наших програм. Я бачив її багато разів раніше, але ніколи по-справжньому не зупинявся, щоб поговорити. Але цього разу, оскільки у мене була нова вудочка, я зупинився, щоб запитати її ім›я. Ми розговорилися, і я дізнався, що вона приводила своїх дітей на безліч заходів. Тож я знав, що вона віддана своїй справі. Далі вона розповіла мені, що була віце-президентом найбільших незалежних книжкових магазинів у Південній Каліфорнії і працювала, поки її діти відвідували наші програми.

Це підказало мені, що вона може виконувати кілька завдань. Я сказав:»Вау, ти, мабуть, втомився возити дітей по різних місцях і нести відповідальність за свою роботу». Вона сказала:»Ні, не зовсім, насправді я добре справляюся». Тепер я знав, що вона дуже здібна. Тоді найважливіше питання: чи працювала вона коли-небудь раніше в дитячому служінні? Ні, вона ніколи по-справжньому не замислювалася над цим. Бінго! Я знав, що зловив свою першу золоту рибку. Вона була саме там, де Бог сказав мені, що вона повинна бути.

Пам›ятайте, Ісус велів Симону закинути невід на інший бік човна: Він говорив: «Перестань ловити рибу там, де ти знаєш, де потрібно ловити, і почни ловити рибу там, де Я знаю, що ти зловиш рибу». Вертикальне лідерство вимагає від вас змінити спосіб набору та виховання людей. Карен стала каталізатором у створенні Kidznet в церкві. Часом вона працювала волонтером від 20 до 30 годин на тиждень на додаток до всього іншого, що робила. Вона віддала більше, ніж будь-який працівник, якому я заплатив би. Вона була золотою рибою, цінним уловом, який міг бачити тільки Бог.

Підбір Правильної Приманки

Коли ви намагаєтеся щось побудувати, ви зазвичай починаєте з самого низу. Важко залучити потужних лідерів, коли ви перебуваєте на дні. Коли у вас немає репутації успішного, більшість «золотих риб» навіть не чули про вас; це важке місце для старту. Вам потрібно донести своє бачення до людей, але за баченням мають слідувати результати. Люди хочуть бути частиною чогось, що рухається. Якщо ви будете тільки галасувати, то станете схожими на круїзний лайнер, який стоїть на причалі і каже людям, що відпливає, але так і не виходить з порту. Може бути велике святкування щасливої дороги, але як тільки пасажири помітять, що корабель не рухається, вони підуть геть. Люди йдуть за пристрастю, але залишаються заради результату. Ви повинні вірити у свою досконаліть, перш ніж станете досконалими. Це ще не реальність, але Бог дав вам мрію. Люди йдуть за мріями і баченням, тому що відчувають, що кудись йдуть. Потрібно використовувати правильну приманку: бачення.

Моя мета - не створити служіння, а запалити рух. Коли ви будуєте команди, ви не просите їх бути частиною іншого служіння, ви просите їх бути частиною унікального руху. Якщо майбутні члени команди бажають вловити бачення (або сісти на корабель), ми повинні підготувати їх до цієї подорожі. Їм потрібно поставити Бога на перше місце у своєму житті, навчитися досягати поставлених цілей і будувати свою віру вдома, зробивши першу церкву своєю сім›єю. Як лідер, я намагаюся дізнатися про їхні проблеми, а також про їхні мрії. Як лідер, я хочу, щоб вони знали, що якщо вони приєднаються до команди, я буду піклуватися про те, що важливо для них. Це не тільки моє бачення, це наше бачення.

Роксі Траубер була ще однією людиною, яку Бог дав мені для побудови нашої команди. Її діти були майже дорослими, а вона ніколи не працювала в дитячому служінні. Роксі завжди працювала в музичному відділі, і я знав, що вона також була чудовим адміністратором. Одного разу під час розмови з нею Бог сказав мені закинути сітку. Я знав, що Роксі любить дітей, але ніколи не мала бажання працювати в цій сфері. Навіть під час презентації мого бачення я бачив, що вона не дуже зацікавлена. Тому я сказав їй, що це не типове дитяче служіння. Ми будували відділи в служінні, і мені потрібен був хтось, хто допоміг би розвивати групи, команди прославлення і дитячі хори, щоб служити не тільки в Kidznet, а й для всієї громади. Тепер я привернув її увагу! Виховання дітей у справжньому поклонінні було справою, яку вона могла підтримати. Проте, це були б не тільки діти. Я сказав їй, що хочу проводити сімейні вечори поклоніння, коли діти і батьки поклонялися б разом.

Йшлося не про те, що їй довелося пристосовуватися до бачення; я починаю мріяти про те, щоб бачення пристосувалося до лідерів, яких давав Бог. Роксі стала поштовхом для всього поклоніння в Kidznet. Вона створила кілька команд прославлення і очолила наші сімейні вечори прославлення Kidznet, на які збиралися 1500 дітей і батьків. Вона організувала перший вечір поклоніння під керівництвом Kidznet на богослужінні в середині тижня з дитячим хором, який вона організувала. Наш пастор, доктор Джим Рів, сказав мені, що це був один з найкращих вечорів поклоніння, які вони коли-небудь проводили. Пізніше вона приїхала до Х›юстона, щоб допомогти нам запустити Kidslife, а зараз керує нашою програмою стажування.

Пошук риби в новому ставку працює, коли ми слухаємо Бога і обираємо тих, хто вже є рушієм у своїй сфері. Ті, хто досягає своїх цілей на ринку праці, можуть легко адаптувати свої навички і втілити їх у дитячому служінні.

Якщо перша частина правильної приманки - це причина і бачення, то друга частина - це її вимірювання. Лідери хочуть відчувати, що вони щось змінюють. Немає більш потужної приманки, ніж бачення, що стає реальністю.

На початку кожного року ми визначаємо цілі нашого бачення, і всі дуже хвилюються. Ще більш захоплюючою є зустріч наприкінці року, коли ми святкуємо досягнуті цілі. Коли наша команда бачить, що ми досягли 95 відсотків наших цілей, вони бачать, що Той, Хто розпочав у вас добре діло, завершить його (див. Фил. 1:6). Ми знімаємо відео про життя, на які вплинули наші волонтери, і вручаємо нагороди, щоб визнати всю любов, час і відданість. Зазвичай ми запрошуємо на вечір новобранців, щоб показати їм, що з Божою допомогою можна багато чого досягти завдяки нашим дарам, талантам і вірності.

Будьте Наполегливими!

Щоб зловити велику рибу, потрібно бути наполегливим. Симон і його друзі ловили рибу день і ніч, але тільки тоді, коли Ісус сказав їм закинути сіті ще раз, вони зловили більше риби, ніж могли вмістити сіті. Наполегливий рибалка, який не боїться нових ідей, зловить призову рибу. Завжди існуватимуть стіни, які здаватимуться надто важкими, щоб їх пробити. Єдине, що я завжди намагався робити - це бути наполегливим. Саме наполеглива рішучість дозволяє тобі, з Божою допомогою, побачити плід своєї праці.

Іноді, коли ми стикаємося з перешкодами, нам хочеться їх обійти, тому що це занадто важко. Життя важке, робота важка і служіння може бути важким. Наполегливі лідери проштовхуються крізь це. Наступного разу, коли ви зіткнетеся з цегляною стіною, не зосереджуйтеся на стіні, зосередьтеся на кувалді. Кувалда - це будь-який інструмент, який Бог дає нам, щоб пробити дірку в стіні, з якою ми стикаємося. Іноді вам доведеться продовжувати бити, але врешті-решт ваш прорив відбудеться. Я рано навчився ніколи не відмовлятися від людей, навіть якщо вони відмовляються від самих себе. Ви можете відчути, що хочете рухатися далі, думаючи, що трава зеленіша десь в іншому місці. Я думаю, що трава зеленіша там, де ти її поливаєш. На моїй першій роботі молодіжного пастора мені здавалося, що я сам несу весь тягар. У моєму штаті був я і ще один адміністративний асистент. Ми весь час були зайняті, нам потрібно було бути на кожній події, яка відбувалася в церкві. Я любив дітей, але нам ніколи не вистачало ні часу, ні ресурсів. Оскільки ми ділилися обладнанням з іншими служіннями, мені часто доводилося бігати від будівлі до будівлі, щоб зібрати кафедри або мікрофони за 30 хвилин до початку служіння. *"Переконайтеся, що хтось є в буфеті"*, - сказав би я собі. Переконайтеся, що всі ігри увімкнені, а група прославлення встигла. Цього тижня у нас драматичний гурток, так? У нас є відео?

Ми були церквою, орієнтованою на організацію служінь, і ставили великодні вистави, різдвяні вистави та будь-які інші вистави, які тільки могли придумати. Ми зупиняли все, над чим працювали, щоб намотувати різдвяні гірлянди на ялинки. Іноді все, що ми робили протягом двох місяців, - це будували декорації. Під час свят не було часу на сім›ю.

Виробництво було важливішим за служіння, для яких нас наймали, і більшість з нас не терпіти цього. Коли події стають важливішими за вашу команду, настає час оцінити, що є важливим і що ви вважаєте нагальним. Якщо ви хочете зберегти свою команду надовго, вони не можуть бути на кожному заході і пропускати більшість сімейних подій. Ви втрачаєте хороших людей, коли виходите за рамки.

У мене була ревність піклуватися про цих дітей, але я не хотів керувати, наче цирк одного актора. Я хотів керувати, як диригент у симфонічному оркестрі, де кожен грає свою роль. Тож на початку другого року я почав будувати людей. Я не міг контролювати вимоги, які висували інші лідери, але я міг контролювати те, як я керував. Я знав, що коли ти будуєш команду, вона вчиться керувати так само, як і ти. Я будував стосунки, але мав навчитися делегувати повноваження та розвивати людей як лідерів. Ми ледве справлялися з роботою, не будуючи нічого на майбутнє.

Зрештою, ми почали розвивати людей, а не програми. Ми створили батьківський бустер-клуб, який займався збором коштів та проведенням спеціальних заходів. Молодіжна програма стажування дала можливість студентам коледжів виступати, служити та очолювати команди. Наша молодіжна/батьківська лідерська команда допомагала з організацією та демонтажем. Ми зібрали гроші на власне обладнання, щоб воно було готове до початку служіння. Побудова команди - це процес. На початку це коштує багато, але в кінці приносить величезні дивіденди.

Чому так мало церков використовують командний підхід до служіння? Ніхто не затримується надовго, щоб завершити процес. Ми працюємо над цим, поки процес не стає занадто важким. Коли з›являється опозиція, ми, як правило, пакуємо речі і приймаємо «ні» як остаточну відповідь. Час - це частина процесу. Справа не в тому, що ваші мрії не здійснюються, а в тому, коли вони здійсняться. Будьте наполегливими. Коли одні двері зачиняються, можливо, варто пошукати інший шлях у кімнату.

До кінця другого курсу я був виснажений. Я був на пляжі з нашою молоддю і серйозно думав про пропозицію, яку щойно отримав, перейти в іншу церкву. Саме тоді Бог промовив до мене:

«Крейг, якщо ти зараз підеш, то більшість інвестицій, які ти зробив в інших за ці два роки, буде втрачено. Ти посієш насіння, але не отримаєш врожаю. Якщо залишишся, то побачиш більше плодів, ніж можеш собі уявити; якщо поїдеш, то завжди будеш дивуватися, що могло б бути». Ого! Це був тривожний дзвінок. Бога цікавить процес, а не лише кінцевий результат. Процес - це випробування наполегливості, вірності та серця. Бог більше зацікавлений в тому, щоб будувати людей, ніж давати їм те, що вони хочуть. Життя - це серія випробувань.

Якщо ви проходите тест і виконали його лише наполовину, неважливо, чи правильно ви відповіли на всі запитання. Ви все одно зазнаєте невдачі, бо пройшли лише половину тесту. Бути наполегливим означає доводити розпочате до кінця і цілеспрямовано виконувати обіцянки.

У мене був вибір: звільнитися і шукати більш зелену траву або поливати траву там, де я був. Я вирішив залишитися, і протягом наступних трьох років ми пережили Божу силу в дії так, як я ніколи раніше не бачив. Багато служителів і лідерів вийшли з цього молодіжного відділу. Мені досі телефонують молоді люди і розповідають, який вплив на їхнє життя мала та молодіжна група. Якби я опустив руки, я б ніколи не побачив, як це станеться. Наполегливість дозволяє побачити плід своєї праці.

У церкві «Фейт Ком›юніті» я ніколи не дозволяв тому факту, що я не міг найняти більше людей, зупинити мене у створенні штату. Я не вважаю, що для зростання церкви потрібен великий штат. Я не прихильник величезного штату, я прихильник лідерів з високим потенціалом. Лідери з високим потенціалом можуть створити команди волонтерів, щоб робити те, що не під силу великому штату.

Коли Бог показав нам, де ловити рибу, ми знайшли Роксі і Карен, а також Терезу, архітектора нашого нового дитячого закладу, яка ніколи раніше не працювала з дітьми. Зрештою, вона працювала над дизайном декорацій і програмуванням. Ми знайшли спортсмена світового класу, який став одним з наших найкращих лідерів служіння. Ще один неопрацьований діамант став ведучим нашої вечірньої програми по середах. Всі вони починали як волонтери, а потім стали такими ж або навіть кращими лідерами, ніж більшість оплачуваних співробітників дитячих служінь по всій Америці. Золота риба, там, де ви знаєте, де рибалити. Ходімо рибалити!

Погляд з Окопів Вгору

Роксі Траугбер
Член команди Лейквуд

Від молодого, ревного молодіжного пастора в Ковіні, штат Каліфорнія, до лідера лідерів тут, у Лейквуді, Крейг Джонсон кидає виклик своїй команді надихаючими лідерськими знахідками. Для мене вчинки завжди говорять голосніше, ніж слова, і Крейг знову і знову, словом і ділом, демонструє своє бажання допомагати людям ставати великими лідерами.

Крейг постійно нагадує своїй команді, наскільки важливі відносини для ефективного керівництва. Коли ми маневруємо по життю, легко загубитися в деталях і завданнях. Мені довелося навчитися ніколи не дозволяти нашим цілям переважати над нашими стосунками. Сумнозвісна фраза Крейга «Люди - наш найбільший актив» стала частиною мого лексикону. Це твердження змінило весь мій підхід до виконання моєї мети в житті. Будувати людей - це не другорядне діло. Я постійно нагадую людям, які служать зі мною, що Бог завжди займався «людьми», а не «програмами». Зрозумійте мене правильно, якісні церковні програми повинні бути на місці, щоб служити інструментами для натхнення, заохочення і допомоги в задоволенні потреб людей. Але всі наші зусилля будуть марними, якщо ми не зможемо постійно тримати перед собою головну мету: ЛЮДИ. Прослуживши в служінні понад 30 років, я можу чесно сказати, що найбільш корисним аспектом мого життя є будування людей.

Я буду першою, хто визнає, що побудова справжніх стосунків з командою мого служіння не завжди дається легко; часто це забирає багато часу. Крейг демонструє важливість побудови стосунків з нашою командою тиждень за тижнем, місяць за місяцем і рік за роком. Він заохочує нас бути послідовними та цілеспрямованими у побудові стосунків, особливо з тими, хто служить поруч з нами. Служіння в мега-церкві в мега-служінні з мега-щоденними обов›язками може бути мега-викликом в управлінні часом. Але я бачила плоди, які з›являються, коли пріоритетом є люди. Міцні, здорові стосунки породжують міцні, здорові команди, які породжують міцні, здорові служіння. На мою думку, запланований «час для вкладення» в щомісячному календарі Крейга є головним ключем до його успіху в розвитку лідерів. Я зрозуміла, що цей тип інвестицій приносить великі дивіденди, і це спонукає мене докладати більше зусиль, коли справа доходить до того, щоб приділяти час своїй команді.

Люди - наш найбільший актив, але вони залишаються людьми, а люди недосконалі. Невдачі та розчарування - це просто частина життя. Іноді ми досягаємо успіху, а іноді зазнаємо поразки. Я навчився святкувати перемоги і вчитися на поразках. Страйк-аут не приносить задоволення - ні команді, ні вболівальникам, ні, тим паче, гравцям, які відбивають м›яч. Але те, як ми реагуємо на помилку, набагато важливіше, ніж сама помилка.

Я не з чуток знаю, наскільки важливо робити поправку на невдачі, керуючи будь-якою командою, особливо рідною командою, тобто сім›єю. Коли ми з моєю дочкою служили з Крейгом кілька років тому, вона зазнала великої невдачі! Вона завагітніла в 16 років, що стало величезним ударом для нашої сім›ї і особливо для Хезер, яка є наймолодшою з наших трьох дітей. Я - дитина проповідника, яка виросла в церкві, а потім виховала свою сім›ю в церкві.

family. As you can imagine, my baby girl was challenged with making some very important grown-up decisions that would drastically change the course of two lives.

З нашою родиною такого не траплялося. Як ви можете собі уявити, моїй доньці довелося приймати дуже важливі дорослі рішення, які кардинально змінили б хід двох життів. Наша сім›я була сповнена рішучості стати пліч-о-пліч і пройти через цю долину разом з думкою, що Бог досконалий, а людина - ні. Ми прийняли нехитре рішення підтримувати Хезер протягом усієї цієї доленосної подорожі. Однак спочатку Хезер думала, що вона поставила свою сім›ю в найбільш руйнівну, ганебну ситуацію, яку ми коли-небудь переживемо в житті. (Вона була дуже наївною.) Хоча вона відчувала, що підвела свою сім›ю, себе і свого Творця, ми продовжували заохочувати її реагувати з мужністю і використовувати кожну можливість вчитися протягом усієї подорожі.

Для нас підняти очі вгору, зосередитися на тому, ким є Бог, а ким ми не є, було єдиним засобом, щоб вистояти в цей важкий час. Ми твердо вірили, що черпати сили і бачити перспективу у нашого Творця - це наш найкращий вихід. Хоча ми отримували користь як від професійних, так і від духовних консультацій, в кінці кінців ми всі знали, що наше зосередження на Бозі, отримання Його перспективи і використання Його божественної мудрості в кінцевому підсумку стане ключовим фактором, який допоможе нашій доньці прийняти правильні рішення.

Нам не завжди було легко мати вертикальну перспективу. Знову і знову ми потрапляли в заплутаний вихор емоцій, головним чином тому, що наш погляд потребував коригування; часто виглядати назовні здавалося більш природним. Зрештою, ми хотіли рухатися вперед, тому цілком логічно було дивитися перед собою. Нам потрібно було бачити, куди ми прямуємо. Але це викликало проблеми з нашим зором, адже неможливо тримати одне око вертикально, а інше горизонтально. Чи ми збиралися довіряти Богові чи ні? Це було головне питання. Зрештою, ми зробили крок віри і вийшли на незнайому і дещо непопулярну арену. Ми повірили в те, що Бог знає кінець від самого початку. У Бога був план від самого початку. Помилка Хезер не здивувала Його; це ми були тими, хто був заскочений зненацька.

Не вдаючись у подробиці, я можу з пристрастю повідомити вам, що варто тримати очі прикутими до вашого Творця. Він - дарувальник життя, велике Я Є. У важкі часи, маючи Божий розум, ми не втрачаємо власного розуму. Сьогодні і моя донька, і внучка сповнені життя! Вони приносять радість тим, хто не має радості. Вони позитивно впливають на тих, кому казали, що невдачі диктують майбутнє.

Хезер буде першою, хто розповість про Божу любов і милосердя, а також про Його бажання перетворити помилки Своїх дітей на Божественні чудеса.

Протягом багатьох місяців Крейг був поруч з нашою сім›єю, підтримуючи нас у молитві та підбадьорюючи словами мудрості. Він виявився одним з найкращих прикладів духовного лідера, якого я коли-небудь зустрічав, не тому, що він досконалий, а тому, що він знає, що він не досконалий. Крейг надихає людей підніматися вище, рухатися вперед, копати глибше і переносити труднощі, щоб виконати своє призначення.

ПРАКТИЧНІ ЗАВДАННЯ

1. Які чотири якості у вашій організації визначають «золоту рибку»?
2. Визначте «переповнені» ставки, в яких ви зазвичай шукаєте лідерів. Подумайте про чотири якості, які ви хочете бачити в лідері, і попросіть Бога показати вам нові ставки, в яких ви можете почати ловити рибу.
3. Подумайте про перешкоди, які заважали вам рибалити на нових водоймах у минулому. Які кроки ви можете зробити, щоб подолати ці перешкоди?
4. Розмірковуючи над історією про те, як Карен і Роксі стали лідерами, чи можете ви адаптувати своє бачення до лідерів, яких Бог поставив перед вами?
5. Якби ваша команда чітко сформулювала цілі на рік, а потім відсвяткувала свої досягнення, як би це вплинуло на їхнє ставлення до роботи?
6. Чи можуть члени вашої команди описати вас як наполегливого рибалку, який не боїться випробовувати нові ідеї? Якщо так, то як це впливає на їхнє бачення лідерства? Якщо вони не описують вас таким чином, то що потрібно змінити у вашій організації, щоб вони це зробили?

10

Станьте Учнем Людської Поведінки

Жити нелегко. Поки ви не навчитеся насолоджуватися процесом, ви не побачите дивовижних речей, яких Бог намагається вас навчити. Любіть процес; спостерігайте за прогресом.

Не знаю, коли це сталося, але в якийсь момент я подивився на маму і тата і зрозумів, що вони абсолютно різні.

Мій тато був би ідеальним кандидатом на участь у реаліті-шоу «Екстремальний екстраверт». Як король предметних уроків, він любив викладати життєвий урок у момент натхнення, розповідати історії та смішити. Він залишається найбільш близькою людиною, яку я коли-небудь зустрічав, і найбільшим дарувальником. Моя мама, з іншого боку, має тиху силу. Вона говорить тільки тоді, коли має щось важливе сказати. Будучи більш інтровертом, моя мама давала б знати про свою присутність більш витонченими способами. Мама була ощадливою, а тато - ні; тому саме тато купив мені новенький Trans Am.

Помітивши, що мій тато любить радувати людей, я вже півроку говорив про машину, сподіваючись, що тато знайде спосіб, як це здійснити. Коли мама побачила це, вона лише похитала головою. Вона любила все планувати, тоді як мій тато був імпульсивним.

Мій батько завжди був чимось зайнятий; мама відтягувала віжки, коли їй це набридало. Коли батько сердився, це чуло піврайону; коли мама сердилася, вона просто переставала розмовляти. Коли мама хотіла щось довести, вона робила татові зауваження, доки він не діставав її достатньо. Тоді вона дозволяла йому це зробити! Маму треба було дуже сильно розлютити, щоб вона розсердилася, але тато міг довести її до крайньої точки роздратування. Одного разу вона так розлютилася, що сказала: «Ллойде, ти просто старий... старий...

дідуган». Це було найгірше, на що вона спромоглася. Тато розсміявся і розповідав цю історію роками. Тато був шість футів на зріст, мама - чотири фути одинадцять дюймів. Тато був проповідником, а мама - вчителькою.

Тато був справжнім чоловіком, щедрою людиною, яка вміла переконувати, що мало кому вдавалося. Мама була стійкою, сильною і завжди підбадьорюючим миротворцем. У всіх є недоліки. Я теж навчився цього від них.

Одна з моїх улюблених історій про Тата сталася в початковій школі, коли ми зупинилися в Ріно під час сімейної подорожі. У Ріно ігрові автомати стоять на заправках, у ресторанах і навіть у ванних кімнатах (жартую). Коли ми зайшли до ресторану, вогні, дзвіночки, великі ручки з чорними ручками і дисплеї з апельсинами, вишнями і лимонами, що крутилися, - все це пробудило в мені бажання мати хоч один шанс потягнути вниз той великий важіль. Мені хотілося дивитися, як крутяться всі ці фрукти, поки миготять вогники і дзвенять дзвіночки. З тієї хвилини, як ми увійшли, я благав тата дозволити мені пограти.

"Тату, можна я пограюся з цією машинкою з вогниками і вишеньками, потягну за велику ручку?" запитав я.

"Ні, синку, - сказав батько, - ми не граємо в азартні ігри, і ти просто змарнуєш свої гроші".

"Але я не витрачатиму свої гроші, тату. Он той чоловік просто потягнув за велику ручку, і гроші повернулися до нього. Будь ласка, будь ласка, можна мені пограти?"

Так тривало весь обід. Нарешті тато витягнув четвертак і сказав: «Синку, я збираюся дати тобі урок. Бачиш цей четвертак? Коли я покладу цей четвертак в автомат, ти побачиш, що трапляється, коли ти граєш в азартні ігри». Потім він продовжив: «Тепер, синку, я хочу, щоб ти подивився на це, і нехай це буде для тебе уроком про те, що таке азартні ігри. Ти ніколи не виграєш, коли граєш в азартні ігри».

Гаразд, добре, подумав я. Будь ласка, відтягніть велику ручку до мого наступного дня народження.

"Гаразд, синку, бачиш цей четвертак, цей четвертак зникне, як тільки я його туди покладу".

Як довго може тривати ця агонія? Я подумав. Я просто хочу побачити, як крутяться фрукти. Нарешті тато поклав четвертак, ми потягнули важіль назад, і фрукт почав крутитися. Тато продовжував нагадувати мені, яка це марна трата часу і грошей, а я не зводив очей з фруктів, що крутилися. Вискочила одна вишенька, потім дві. Лимон пройшов, апельсин пройшов, а потім здавалося, що час зупинився, коли третя вишенька зупинилася в ряду. ДЖЕКПОТ!

Так!» закричала я.»

“Ні!” - закричав мій тато.

Монети почали сипатися з автомата з безбожною швидкістю. Я стрибав навколо з криком «джекпот», а тато намагався з›ясувати, що робити, коли урок предмету йде не так, як треба.

Беручи четвертаки, тато пхав їх назад в автомат і щосили тягнув за важіль, відчуваючи, що не може залишити гроші собі. На жаль, у процесі він зірвав ще два джекпоти. Розлючений і збентежений тим, що його урок предмету провалився, тато взяв четвертаки і висипав їх на стійку, сказавши офіціантці: «Це, напевно, будуть найбільші чайові за весь рік». Повернувшись до мене, він сказав: «Нічого не кажи, просто йди і сідай в машину». Тато більше ніколи не згадував мені про цей випадок, але я ніколи його не забув.

Таким був мій тато: ніколи не боявся спробувати довести свою точку зору. І знову мама лише похитала головою. Вони були різними, але ідеально підходили одне одному. Вони були поруч у горі і радості, у хворобі і здоров›ї, поки смерть не розлучила їх. Проживши у шлюбі понад 40 років, мій батько вважав своїм найбільшим досягненням шлюб і сім›ю. Ніхто не любив свою сім›ю більше, ніж він. Хоча наприкінці життя мій батько боровся з хворобою і здавався вже не тією людиною, він назавжди залишиться одним з моїх героїв. Моя мама все ще залишається непохитною скелею благодаті, заспокійливою і сильною. Я знаю про своїх батьків все, що тільки можна знати. Я навчився від них обох, що робити і чого не робити. Я вивчала їхні життя і брала від них уроки лідерства, як хороші, так і погані.

Я знав, як реагувати на їхні проблеми і як підбадьорити їх, коли вони стикалися з перешкодами. Я знав, коли можна говорити з ними про проблеми, а коли ні. Я знав, що їм подобається, що не подобається, які у них радощі та випробування. Я знав їхні здібності і знав потенціал, який вони мали в собі. Я знав їхні недоліки і таланти. Я дізнався від них, що одна необережна помилка може завдати болю на все життя, але один акт милосердя може викликати прощення на все життя. Я знав майже все, що можна знати про двох людей. Чому я знав їх так добре? Я вивчав їх роками. Я став студентом людської поведінки з найближчими мені людьми. Вони були в моєму колі впливу, тому я хотів знати про них все, що міг, щоб мати близьку родину. Але те, що ви багато знаєте, не означає, що ви вчитеся чомусь новому. Вертикальні лідери повинні бути студентами, перш ніж стати лідерами. Коли бажання вчитися стане сильнішим за бажання мати більше, ви матимете мудрість робити більше, і це коштуватиме вам менше. Ми повинні знати наші команди, перш ніж знати, як ними керувати.

Розуміння Вашої Команди

На поведінку людини впливають культура, погляди, емоції, цінності, етика, авторитет і генетика.[1] Ми розчаровуємося в інших, коли вони не сприймають бачення, але проблема може полягати не в цій людині, а скоріше в нашій презентації. Кожен член команди, ймовірно, походить з різного середовища, має різні впливи. Зростаючи, ми вчимося слідувати моделям, які задають нам лідери в нашому житті, такі як батьки, вчителі та боси. Деякі з цих лідерів - трудяги, які не поспішають будувати по одній цеглинці за раз. Інші, побачивши гору, можуть кинути виклик своїй армії, щоб підкорити її. Треті лідери - це люди процесу, які прагнуть досягти консенсусу в усьому. Ці різні стилі лідерства мали вплив на нашу команду ще до того, як вони зібралися разом. Тепер це команда з новим лідером.

Ми можемо думати, що це робота команди з›ясовувати наш стиль керівництва, але наша робота - допомогти їм зрозуміти, чому ми робимо речі так, як ми їх робимо. Якщо команда не розуміє лідера, їй важко адаптуватися. Вертикальний лідер допомагає своїй команді зрозуміти, як працювати разом, розуміючи свій стиль керівництва і пояснюючи команді, чому він робить те, що робить. Наступним кроком є розуміння того, що змушує вашу команду працювати. Як тільки лідер розуміє людей в команді, він може «зрозуміти рівняння» і з›ясувати, як всі ці різні люди з різним досвідом можуть об›єднатися в одну команду. Знання себе і знання своєї команди створить командне середовище, яке неможливо зупинити.

Я намагаюся зрозуміти свою команду, ставлячи запитання не лише про їхні сфери відповідальності, а й про їхнє особисте життя.

Я прагну зрозуміти, чому вони роблять те, що роблять. Коли вони розчаровані, замість того, щоб швидко запропонувати рішення їхньої проблеми, я витрачаю час на те, щоб зрозуміти, що саме в ситуації, яка їх розчаровує, викликає роздратування. Коли я дізнаюся їх краще, я можу ефективніше керувати ними.

Мій син - великий мислитель. Він добре вчиться в школі, але коли він застряє на проблемі, то зазвичай замикається в собі. Він хотів би рухатися вперед, але просто не знає як. У випускному класі я отримала електронного листа від його вчителя математики, в якому йшлося про те, що він не здає домашні завдання, а його останні оцінки за контрольні роботи були двійками та одиницями. Корі мав загальну мету - отримати гарні оцінки і вступити до коледжу. У всіх інших класах він навчався добре.

Я міг би прочитати йому лекцію, сказати, щоб він пішов до себе в кімнату і взявся за роботу. Я міг би сказати йому, що це його відповідальність - з›ясувати все і зробити так, щоб це сталося. Це б допомогло Корі?

Чи допомогло б це йому слідувати своєму баченню? Замість того, щоб сказати Корі, що це його робота - з'ясувати це, ми говорили про рішення. Чи допоміг би репетитор? Коли Корі сказав мені, що репетитори в школі не допомагають, ми знайшли вчителя математики. Після одного заняття з математиком він зрозумів, у чому проблема. Його страхи були вирішені завдяки інструкціям вчителя-майстра. Полегшення і розуміння прийшли на зміну розчаруванню, і його оцінка піднялася до твердої четвірки. Корі закінчив школу з середнім балом 3,8 і був готовий до вступу в коледж.

Три Слова

Так само, як магістр математики повинен зрозуміти студента, перш ніж він зможе допомогти йому, нам потрібно зрозуміти нашу команду, щоб ми могли допомогти їм зрозуміти бачення. Ми не можемо припустити, що всі будуть знати рівняння. Натомість ми, як і вчителі, повинні вважати, що різні люди перебувають на різних рівнях у різний час. Подумайте на мить про хороших і поганих вчителів, яких ви знали. Ефективність вчителя залежить не стільки від інтелекту, скільки від трьох складових: підготовки, терпіння і захопленості.

Підготовка

Хороший вчитель або лідер готовий кожного разу, коли він чи вона керує. Дозвольте мені чітко зазначити, що зараз я не говорю про те, щоб бути готовим із вашим планом дій (що є абсолютною необхідністю), а про те, щоб бути готовим, знаючи свою команду, щоб ви могли ефективно передати своє бачення чи план. Вертикальні лідери знають свою команду поіменно та витратили час на вивчення того, що заохочує кожного студента чи члена команди. Хоча це займає багато часу, стати учнем членів вашої команди, перш ніж ви станете вчителем/лідером, приносить величезні дивіденди.

Терпіння

Добре підготовленому лідеру потрібен час, щоб переконатися, що команда розуміє бачення чи план, перш ніж він чи вона перейде до наступного завдання. Хтось із команди навчатиметься швидко, а хтось повільніше, але вертикальний лідер хоче, щоб усі в команді досягли успіху. Чудовий лідер робить усе можливе, щоб творчо спілкуватися, щоб кожен міг навчатися, рости та досягати своїх цілей.

Пам'ятаєте нашу дискусію про тиранію нашої ревності? Терпіння та розуміння вашої команди ефективно борються з тенденцією дозволити вашій пристрасті захопити членів вашої команди.

Ревність

Вертикальні лідери захоплені своєю командою! Хтось колись сказав, що хороші лідери – це ті, з якими ви б служили, але великі лідери – це ті, яких ви б особисто наслідували. Їхня ревність спонукає їх робити дрібниці, які інші не бажають робити. Вчителі року – це ті, хто завжди робить трохи більше, щоб допомогти своїм учням вчитися. Вони не просто виконують роботу і йдуть додому. «Просто виконання роботи» ніколи не допоможе створити чудові команди.

Ви втратили ревність до своєї команди, тому що вам не здається, що вони вловлюють бачення? Коли я торкаюся стіни, я повертаюся до основ. Можливо, вони не розуміють, що означає бути захопленим чимось. Можливо, вони втратили ревність до того, чим займаються, і їм потрібен вертикальний лідер, який допоміг би розпалити вогонь. Пожежа може спалахнути скрізь, де її хтось запалить. Коли ви дивитесь на свою команду з точки зору Бога і розумієте Його бачення на їхнє життя, Він дасть вам сірники, дрова, бензин і все інше, що вам потрібно, щоб відновити палаючий вогонь ревності для їхнього життя.

Погляд З Окопів Вгору

Ентоні Кінтанілья
Член команди Лейквуд

Я мав честь служити під вражаючим керівництвом Крейга Джонсона. Я навмисно вживаю слово «вражаючий», тому що, на мою думку, Крейг має унікальну здатність революціонізувати церковне служіння, переглядаючи, переосмислюючи, як відбувається служіння. Він постійно кидає виклик нормам в надії вплинути на більш широке коло людей. Для пастора Крейга все починається і закінчується людиною.

Я пам›ятаю, як Крейг моделював концепцію вертикального лідера задовго до того, як я вперше почув від нього фразу «вертикальний лідер». Кілька місяців тому я натрапив на брошуру, яку отримав на першій зустрічі команди, яку провів пастор Крейг, коли він приїхав до церкви Лейквуд. Крейг пробув у церкві трохи більше місяця і розробив план радикального перетворення доброго дитячого служіння у неймовірне дитяче служіння.

Під час тієї зустрічі я впевнений, що я був не єдиним, хто цікавився, ким є цей чоловік і як він сподівався все це зробити. Коли я сидів і переглядав цей матеріал майже п'ятирічної давнини, я був щасливо вражений тим, скільки з цієї мрії стало реальністю. На тій зустрічі Крейг змоделював вертикальне лідерство, дивлячись на потенціал — можливості — і звертаючись до Бога за керівництвом, незалежно від ситуації, обмежень, ризиків і обставин. З того часу я постійно бачив, як Крейг дає плоди вертикального лідера, неодноразово готовий ризикувати тим, що було хорошим, щоб мати те, що найкраще.

Кілька тижнів тому я був на зустрічі з Крейгом та парою інших керівників. За місяць до цієї зустрічі Крейг здійснив реструктуризацію керівної команди дитячого служіння, в результаті чого у мене з›явилася можливість взяти на себе більше відповідальності. Ближче до кінця цієї зустрічі Крейг почав стверджувати нас як лідерів і підкреслив, що якщо нам потрібна будь-яка додаткова підтримка з його боку, дайте йому знати. У цей момент Крейг подивився прямо на мене і твердо сказав: “Ентоні, якщо ти коли-небудь потребуєш моєї допомоги, обов›язково дай мені знати. Ти переносиш речі мовчки всередині». З цього останнього речення я зрозумів, наскільки добре Крейг мене знає, і я знав, що він знайшов час, щоб зрозуміти мене, щоб краще керувати мною та піклуватися про мене. Я неодноразово чув, як Крейг говорив працівникам про важливість вивчення поведінки людини. Я просто не усвідомлював, наскільки він мене вивчив.

Однією з найважливіших речей, яку я навчився від Крейга, є мистецтво змін і необхідність змін. У житті все змінюється, зростає або перероджується. Як тільки щось застоюється, занепад не за горами. Відразу після прибуття Крейга в Лейквуд він здійснив кардинальні зміни в дитячому служінні і послідовно здійснював невеликі зміни, щоб досягти максимальної ефективності. Перш ніж розпочати зміни, Крейг підготує команду служителів. Хоча точний характер змін може не повідомлятися, необхідність того, щоб кожен був готовий до змін, стає зрозумілою.

2009 рік ознаменувався зміною акценту на служінні дітям у Церкві Лейквуд. Крейг відчув, що настав час розширити сферу діяльності, вийшовши за рамки простого охоплення, навчання та учнівства для дітей. Тепер ми збиралися охопити всю сім’ю. Цікаво, що Крейг почав готувати нас до цієї зміни принаймні за рік до цього, постійно звертаючи нашу увагу на потреби, труднощі та стан сім›ї. Коли прийшов час розробити стратегію охоплення сім›ї, персонал був підготовлений завдяки всьому, що було сказано за попередній рік.

Поряд із цією зміною Крейг усвідомив необхідність підвищення загальної лідерської здатності команди для здійснення майбутніх змін. Він витратив більше року на систематичне прищеплення нам основних лідерських навичок, які були б необхідні нам для успішного проходження майбутніх змін. Я переконаний, що успіх, якого ми досягли в Лейквуді в здійсненні масштабних змін за короткий проміжок часу, обумовлений такою ретельною підготовкою!

ПРАКТИЧНІ ЗАВДАННЯ

1. На початку глави Крейг детально розглядає своїх батьків і їх взаємини, моделюючи для нас, як бути студентом іншої людини і відносин між людьми. Використовуйте наведені нижче запитання, щоб подумати про своїх власних батьків (або інших близьких Вам людей).
   - Що рухає ними?
   - Які їх особистісні характеристики?
   - Як вони справляються з проблемами?
   - Що робить їх щасливими?
   - Які сильні та слабкі сторони відносин?
2. Розгляньте членів команди поблизу вас у вашій організації, задаючи ті самі питання.
3. Які переваги ви отримали б як лідер, якби перед кожною зустріччю приділяли час підготовці та розумінню людини з якою ви зустрічаєтесь?
4. Ви по натурі терпляча людина? Як ваша здатність або нездатність бути терплячим вплинули на вашу ефективність як лідера?
5. Чи відчуваєте ви пристрасть до своєї команди? Попросіть Бога продовжувати розвивати у вас пристрасть до команди, яку він доручив вам очолити.

Примітка

1. "Культура," Wikipedia.org/wiki/Культура, взято в липні 2009 року.

11

Правильний Підхід Активує Найкращу Відповідь

Вертикальний лідер ніколи не відмовляється від людей. Можливо, вам доведеться почекати, поки деякі люди підуть, але завжди тримайте двері порятунку відкритими і будьте першим, хто впустить їх. Винесіть уроки коли маєте труднощі, змінюйте напрямок, а потім заохочуйте їх відновити сили і спробувати ще раз.

Спікер і письменник Луї Гігліо сказав: «Ви досягнете більшого за наступні два місяці, якщо розвинете щирий інтерес до двох людей, а не витрачатимете два роки на те, щоб змусити двох людей розвинути щирий інтерес до вас».[1] Те, як ви ставитесь до своєї команди, змінить те, як вони ставляться до вас. Час, який ви витратите на їх формування, переконає їх, що ви дбаєте про них. Ваша команда повинна любити людину, яка несе бачення, не тому, що команда вклала у вас, а тому, що ви зробили вклад в них.

Коли любов і взаємоповага наповнюють вашу керівну команду, ви робите гігантський крок назустріч Божому баченню вашого успіху. Ви не можете мати руху без єдності. Ви не можете мати єдності без довіри.

Підхід до Керівництва Мафією

Одна з найгірших речей, яку моя команда могла сказати про мене, - це «мені подобається його бачення, але я не можу його терпіти». Деякі лідери можуть сказати, «Кому байдуже, чи люблять вони мене, поки вони

роблять те, що я кажу, і доводять роботу до кінця?»Мотивацією в цьому випадку є залякування, або те, що я називаю підходом керівництва мафії. Фільми про мафію є одними з найбільш переглядaних в Америці, і хоча спостереження за лідерами мафії, які намагаються збалансувати нормальне сімейне життя з недобросовісною діяльністю, інтригує, їхній стиль керівництва явно руйнівний. У мафіозній організації перший рівень - це «соратники», другий - «солдати», третій - «капітани», потім «заступник боса» і, нарешті, «бос», у якого є радник, званий консільєрі.

Цікаво, що деякі великі церкви мають подібну структуру! На першому рівні у вас є «парафіяни», потім «волонтери», потім «адміністратори», потім «штатні пастори» і, нарешті, «пастор» з радником, який називається «виконавчий пастор або заступник пастора».

Задумайтеся на хвилинку про те, як мафія зображується в більшості фільмів. Хто має контроль і як він використовується? Бос, який повністю контролює ситуацію і керується гордістю та жадібністю, майже ніколи не спілкується з рештою команди, якщо хтось не вразив його або не розшукав його. Чим нижчий рівень людини, тим менш важлива ця людина. Бос отримує частину всього, що заробляє хтось інший. Працівники не отримують кредитів, бонусів або просування по службі, якщо бос не отримує зарплату. Діючи зі страху і контролю, начальник заохочує страх у всій організації. Публічно це чудова демонстрація прихильності з обіймами та поцілунком у щоку, але ПРИВАТНО спостерігається повна відсутність довіри.

В одному з таких фільмів, Бронкська історія, боса запитують: “Що краще, щоб тебе любили чи щоб боялися?” Він відповідає, “Чудово мати одне та друге, але якби у мене був вибір, я б вважав за краще, щоб мене боялися. Страх триває довше, ніж любов” Бос мафії моделює страх, залякування та владу для своєї команди, і тому ніколи не може здатися слабким чи вразливим. Імідж повинен бути захищений за всяку ціну.

Чи багато з нас можуть мати відношення до певних аспектів мафіозного середовища? Скільки з нас просувають свою команду лише тоді, коли це нам вигідно? Чи ми ізольовані від своєї команди, взаємодіючи лише з кількома? Чи потрібно нам контролювати все, що відбувається? Чи керуємо ми коли-небудь зі страху, а не з прихильності?

Коли ми користуємося прихильністю, а не страхом, ми розуміємо, що в нашій організації достатньо місця для унікальних дарів і талантів кожної людини. Ми працюємо над тим, щоб підняти всіх вище, а не тільки небагатьох обраних. Ми не просто повідомляємо про своє бачення, а й намагаємося прислухатися до думки членів нашої команди. Якщо ми по-справжньому впізнаємо наших співробітників, то побачимо, як всюди з›являються нові ідеї і свіже бачення. Коли я дізнаюся, хто мої лідери і в чому вони зацікавлені, це вклад часу, який завжди окупається. Час від часу ми створювали нові можливості і служіння, відносно здібностям і цілям окремих людей.

Якщо чиєсь серце в музиці, я не буду заохочувати цю особу бути лідером невеликої групи, навіть якщо це єдина доступна посада. Я намагаюся побачити, чи можемо ми створити для них місце в організації. Ми часто обмежуємо свій успіх, намагаючись пристосувати людей до наших планів, а не пристосовуватись до дарів і талантів тих, кого нам посилає Бог. Якщо ви терплячі, Бог приведе вам правильну людину, яка відповідатиме цій ролі, а також людей, які задовольнять потреби, про які ви навіть не підозрювали!

Підхід Ісуса До Лідерства

Незалежно від того, чи були ви частиною церкви все своє життя, чи ніколи не були частиною жодної християнської організації, ми, мабуть, усі можемо погодитися, що одним із найбільших лідерів, який коли-небудь жив, був Ісус із Назарету. Всього за три роки він так добре підготував команду служителів, що за кілька десятиліть вони пройшли шлях від приховування в приміщеннях до представництва своєї організації в більшості великих міст Римської імперії. Його вклад приніс довгострокову винагороду. Я є прямим результатом цього вкладу. Будьмо чесними, Ісус та його послідовники насправді мали досить вражаючу допомогу: Творець Всесвіту. Але і у вас теж! Ісус діяв на зовсім іншому рівні, і він зміг надихнути своїх послідовників на надзвичайні зміни. Яким був його підхід до лідерства?

Одного разу двоє друзів Ісуса запитали Його, Чи могли б вони зайняти перші два місця в його керівній команді. Яків та Іван знали, що Ісус був босом, але вони хотіли бути наступними при владі.

Як ви можете собі уявити, решта членів команди розлютилися і почали сперечатися між собою. Ісус скористався цією можливістю, щоб навчити свою команду керувати вертикально: керівництво починається не з влади керувати іншими, а з влади служити іншим. Він сказав Це так:

А Ісус, покликавши їх, каже їм: Ви знаєте, що ті, кого вважають володарями народів, панують над ними, а їхні вельможі гноблять їх. Але не так буде між вами: якщо хтось між вами хоче бути великим, нехай буде вам слугою. І якщо хтось між вами хоче бути першим, нехай буде для всіх рабом. Адже й Син Людський не прийшов, щоб служили Йому, але щоби послужити і душу Свою віддати як викуп за багатьох!

(Марка 10:42-45)

Ісус витратив три роки, інвестуючи в життя своєї команди. Керуючи з любові, а не зі страху, він не тільки служив їм, але й моделював служіння іншим тим, як він ставився до всіх, кого зустрічав. Зрештою, він віддав усе заради інших і тим самим не лише заснував служіння, а й рух, який досі поширюється по всьому світу. Оскільки він любив їх, вони, у свою чергу, сприйняли Боже бачення. І з тих пір все змінилося.

Підхід Ісуса до лідерства надає першорядне значення спілкуванню з лідерами. Команда учнів Ісуса буквально слідувала за ним по всій країні. Вкладаючи в них, він знав їхні дари та таланти. Він знав, що з Петра вийде чудовий лідер, а Іван-хороший баланс для Петра. Юда зрадив би його, а Фомі потрібна була додаткова допомога, щоб повірити. Чи стикалися ви з лідером, використовуючи підхід Ісуса до лідерства? Чи був у вас лідер, який вкладав у вас своє життя? Якщо так, то ви знаєте неймовірну силу лідера, який знаходить час служити своїй команді, щоб вони могли ефективніше служити іншим. Якщо ні, ви не зможете стати таким лідером для когось іншого. Коли ви ведете людей таким підходом, людям важко зрозуміти, що ви робите. Вони вважають, що успіх залежить від правильної програми чи навчального плану. Це не так.

Справа Не В Навчальній Програмі

Лідери дитячого служіння часто запитують мене, якою навчальною програмою я користуюся. Я кажу їм не турбуватися про програму, а зосередитись на тому, хто буде її викладати. Навчальна програма приведе вас далеко, лише якщо у вас немає відповідної команди щоб поділитися ідеєю. Наші хороші друзі з церкви Віллоу Крік приїхали подивитися на нашу навчальну програму під назвою Extreme Kids. Вони хотіли побачити її в дії, а потім захотіли вивчити її досить ретельно. Спочатку я подумав, що їм не подобається те, що вони бачать, і вони заглядають глибше, щоб побачити недоліки. Натомість вони сказали, що оскільки вони рідко бачать таких сильних лідерів, вони хотіли переконатися, що це не просто неймовірні лідери, які викладають навчальну програму середнього рівня. Який комплімент! Я краще буду мати чудових лідерів, ніж чудову навчальну програму.

Не намагайтеся змусити своїх лідерів пристосовуватися до навчальної програми; переконайтеся, що навчальна програма відповідає вашим лідерам та культурі. Дозвольте Богу показати вам новий погляд на речі. Перестаньте намагатися підігнати частини пазлу один до одного і дозвольте Богу показати вам, де вони мають бути. Вертикальне лідерство полягає в тому, щоб вести людей вперед і задавати питання: «чи виявляю я справжній інтерес до людей, чи намагаюся змусити їх проявити інтерес до мене?”

Довіряйте Своїй Команді

Чому, на вашу думку, людям важко делегувати? Це не тому, що вони хочуть виконувати роботу самі. І зазвичай це не тому, що вони єдині, хто може зробити це правильно. Вся справа в довірі. Деякі лідери віддають це занадто швидко, а деякі взагалі ніколи не віддають. Це просто занадто складно; або їм здається, що вони віддають занадто багато контролю, або просто занадто складно витратити достатньо часу, щоб дійсно зрозуміти, чи можна довіряти іншим. Якщо ви коли-небудь захочете успішно створювати команди, вам потрібно навчитися делегувати.

Як керівник команди, Ви несете відповідальність за те, щоб дати людям можливість взяти на себе відповідальність після того, як ви змоделювали бачення. Ви очолюєте плем›я, і моделювання - це ключ до успіху. Ви хочете виховати воїнів, а не вождів. Якщо ви не ефективно моделюєте бачення, хтось створить власне бачення, яке призведе до нових керівників у вашій організації. Ваше завдання-створювати воїнів. Як лідер, ви хочете мати єдине бачення з одним керівником і безліччю воїнів. Хоча ви повинні бути обережними, щоб не зробити це передчасно, ваше завдання в кінцевому підсумку полягає в тому, щоб дати контроль, щоб бачення могло продовжуватися. Що заважає баченню рухатися вперед? Коли ви все ще маєте відповідальність за речі, про які мали забути три роки тому, і ви настільки зайняті виконанням роботи, що не можете просувати бачення далі.

Коли ми ближче познайомимося з нашою командою та зрозуміємо їхні інтереси та очікування, ми можемо їм почати довіряти. Ми знаємо, що саме ці люди найкраще підходять для роботи не тому, що вони виконують наші накази, а тому, що вони виконують те, для чого їх створив Бог. Набагато легше делегувати повноваження, коли ви знаєте, що інша людина виконує своє призначення.

Коли я вперше приїхав до Лейквуда, у нашому дитячому служінні не служили Підлітки. Коли я запитав Чому, мені сказали, що це може бути пов›язано з питанням безпеки. Жартома я запитала: «Ви бачили когось із наших дорослих?» Те, що вони старші, не означає, що вони більш відповідальні. Ми повинні познайомитися з іншими, щоб дізнатися про їх потенціал. Нереалізований потенціал-величезна трата часу! Ви ніколи не зможете по-справжньому пізнати чийсь потенціал, поки не дасте цій людині шанс показати, на що вона здатна.

В Матвія 16:19, Ісус сказав Своїм учням, що він дає їм ключі від Царства Небесного. Він готував їх до цього моменту, і коли він прийшов, він не зберіг ключі; він віддав їх. "і те, що ти зв'яжеш на землі, буде зв'язане на небесах; і те, що ти розв'яжеш на землі, буде розв'язане на небесах.". Іншими словами,"Я навчив тебе; тепер я збираюся наділити тебе силою". Уявіть, що відчували учні. Вони бачили, як Ісус відмикав стільки дверей, і тепер Він дає їм силу відкривати двері, не будучи фізично присутнім.

Коли ви довіряєте людям настільки, що навчаєте їх, а потім делегуєте відповідальність, ви даєте їм ключі до успіху у власному житті. «Ви хочете сказати, що нам не потрібно мати боса поруч, щоб робити великі справи?"

У Лейквуді ми дізналися, що Бог не розрізняє вік, здібності чи стать. Я пояснив нашим співробітникам, що якщо ми розширюємо можливості цих молодих людей, вони стануть одними з наших найкращих лідерів. Через п›ять років ці підлітки стали дорослими, які керують іншими дорослими лідерами. Не обмежуйтеся тим, що бачите; будьте мотивовані тим, чого не бачите.

Після нашого успіху з молоддю, яка стала великими лідерами, ми пішли далі і почали думати, що діти можуть робити деякі речі, які можуть робити дорослі та підлітки. Пам›ятаєте, що я говорив раніше про те, що Бог направляє нас ловити рибу в нових ставках? Я сказав, що потенціал є у кожного. Ми почали запитувати, чому ми обмежуємо своїх дітей, не даючи їм можливостей. Ми розпочали кампанію під назвою «Діти захоплюють світ». У нас були фотографії дітей, одягнених як лікарі, пожежники, бізнес-леді та пастори. Ми хотіли донести до вас, що «якщо ви наділите мене силою, я зможу допомагати зцілювати людей, творити людей, рятувати людей і годувати людей силою Божою». Це саме те, що зробили наші діти. Вони служать не тільки відчутно, а й духовно. Наш кампус відвідала відома церква, і вони були вражені тим, що побачили під час богослужіння. Під час основного служіння в Лейквуді наші молитовні партнери вишикуються по всій будівлі, щоб помолитися, коли людей запрошують вперед. Люди приходять натовпами з усієї будівлі. Відвідуюча церква була здивована, побачивши, що до нас в якості партнерів по молитві прийшли не тільки дорослі керівники, а й молодші керівники, які готуються помолитися за своїх однокласників. Вони були ще більше здивовані, побачивши, що багато наших дітей вишикувалися в чергу не тільки для того, щоб за них помолилися дорослі, а й для того, щоб за них помолилися Молодші керівники. Наші молодші керівники були навчені слухати і молитися, і, спостерігаючи, як вони піклуються про своїх однолітків, у наших відвідувачів на очах виступили сльози. Зараз у нашій команді волонтерів працює понад 350 дітей та молоді.

Призначення людей може бути усвідомлено тільки тоді, коли лідер копає глибше, щоб знайти їх потенціал. Часто ми не усвідомлюємо закладений у нас потенціал, поки хтось не поставить нас у ситуацію, яка вимагає від нас доброї реакції. Всюди навколо нас заховані скарби — потенціал, прихований в житті інших людей. Виявившись, це може мати величезний вплив на життя інших людей.

Хтось повинен вірити, що цей потенціал існує, щоб його можна було розвинути.

Коли ви пізнаєте іншу людину, довіряєте їй і надаєте їй силу, Ви допомагаєте їй розкрити свою справжню сутність у Бозі. Знання того, хто ви є і яка ваша мета на землі, має неймовірну силу. Це все одно, що система GPS у вашому мозку подає вам сигнал, коли Бог вказує напрямок.

В 1 Коринтян 13:7 говориться, що якщо ви любите когось, ви завжди будете вірити в нього або в неї. Ви завжди будете очікувати від цієї людини кращого.

Погляд З Окопів Вгору

Кімберлі Діксон
Член команди Лейквуда

Пропрацювавши багато років в іншому відділі, перш ніж стати частиною команди Крейга, я чула про те, що він цілеспрямований та досягає мети, але ніщо не підготувало мене до того, щоб стати частиною його команди. У перший тиждень роботи в команді Крейг спонукав мене відвідати майже всі зустрічі, що проходили в його відділі, і відвідати кожне служіння, щоб познайомитися з керівниками та сім›ями. Я була абсолютно приголомшеною масштабом того, що відбувалося кожні вихідні в житті дітей. Коли хтось запитує мене про служіння, я просто кажу, що кожні вихідні в житті дітей відбувається диво. Я часто думаю, Хто в світі міг би придумати систему, яка забезпечує догляд за дітьми та викладання для тисяч сімей кожне служіння та кожні вихідні з таким рівнем досконалості?

І все ж вражає не розмір служіння, а те, як воно здійснюється. Крейг веде в любові та співчутті до лідерів, яким він покликаний служити та бути учнем. Як приклад можна навести молоду леді, яка починала стажером першого року в служінні Kidslife; я ніколи не зустрічала нікого з таким високим творчим потенціалом. Вона навіть одягалася яскраво, життєрадісно і креативно. Протягом тижнів і місяців її стажування виникло кілька проблем. Її конкретна ситуація справді привернула мою увагу, оскільки на інших роботах у служінні та в корпоративній Америці я знав, як вирішуються подібні справи, і мені було цікаво, чи буде ця ситуація вирішуватися однаково.

Крейг ніколи не давав мені приводу думати, що він не відповість співчуттям і любов›ю, але іноді навіть ми, лідери, відчуваємо спокусу реагувати на те, що відбувається найбільш доцільним чином. Моє серце стиснулося, коли я подумала про те, що може статися. Однак, на моє полегшення, щоразу, коли щось згадувалося, ми, як команда, оточували її, підбадьорювали і молилися за неї. Крейг публічно вказував на її сильні сторони і навмисно не акцентував увагу на її слабкостях.

Після завершення другого року стажування вона надзвичайно зросла, оскільки їй було надано більше обов'язків і можливостей навчитися визначати свої сильні та слабкі сторони та оточити себе іншими, які були сильні в її слабких сторонах. Вона була повністю відкрита до процесу і досягла успіху в усьому, що робила. Незабаром після цього (з високими рекомендаціями Крейга) їй запропонували дві чудові роботи у чудових церквах як молодіжного пастора. Вона мала співбесіду, а потім помолилася про те, куди її веде Господь, і прийняла посаду в іншому штаті. Я можу тільки уявити, як вона збирається вплинути на своїх керівників, студентів, яким вона служить, і сім'ї, які беруть участь у служінні, яке вона здійснюватиме. Для мене це вертикальне лідерство, створене з любов'ю та співчуттям. Я сподіваюся, що я зможу зробити те саме; Я обов'язково докладу для цього максимум зусиль. Я знаю, що якби Ісус був тут тілом і Він очолював нашу команду тиждень за тижнем, Він би відповів так само. Натомість Він вирішив використовувати та працювати через Крейга Джонсона.

ПРАКТИЧНІ ЗАВДАННЯ

1. Які особливості підходу до керівництва в стилі мафії існують у вашій організації?
2. Опишіть різницю між підходом до лідерства мафії та підходом до лідерства Ісуса. Як би ви стали більш ефективним лідером, використовуючи підхід Ісуса?
3. Яким чином пошук ідеального навчального плану або

Програми утримав вас від інвестування в свою керівну команду?

4. Делегувати легше, коли ви знаєте, що інша людина виконує своє призначення. Визначте трьох осіб у вашій керівній команді і візьміть на себе зобов›язання розкрити їх призначення. Коли ви дізнаєтеся їх призначення, створіть для них місце, де вони могли б знайти застосування у вашій організації.

Примітка

1. Луї Гігліо, промова, виголошена в 2003 році.

12
Мистецтво Змін

У житті неминуче все змінюється. Вибір полягає в тому, чи змінюєте ви свій світ, чи ваш світ змінює вас. Кожен день даруєте незвичайні зміни!

Наш молодіжний відділ взяв на озброєння слоган»життя по дизайну». Коли вони представили своє бачення, керівники вивели на сцену велике чисте полотно

і запросили студентів підійти і нанести на полотно свій власний дизайн. Вони говорили про дві речі: (1) це ваша молодіжна група і (2) у Бога є унікальний задум для Вашого життя, але разом ми можемо втілити наші задуми на полотні і створити приголомшливу групу. Зміни і креативність діють спільно.

Коли художники створюють картину, вони починають з чистого полотна, яке буде змінюватися і метаморфозувати з кожним помахом пензля. Якщо художник не припинить малювати, полотну судилося стати прекрасним витвором мистецтва. Написання портрета може бути виснажливою роботою, яка забирає багато часу. Художник може виконувати місію по завершенню, але відволікатися і втрачати концентрацію. Деякі зміни змушують художників відмовлятися від того, що могло б стати їх найбільшим шедевром. Несподівані зміни можуть зробити те ж саме в нашому житті. Доктор рік Кіршнер каже: «зміни неминучі, але прогрес - ні»[1]. Те, як ми реагуємо на зміни, визначає, якого прогресу ми досягаємо. Ви можете думати про зміни або навмисно їх здійснювати. Ви не можете змінити ситуацію, не визначивши, що потрібно вдосконалити.

Зіткнувшись зі Змінами

Наша сім›я щойно вирішила здійснити великий переїзд з Каліфорнії до Техасу, щоб переїхати до Лейквуда. Ми залишали місце, яке нам подобалося, щоб відправитися в місце, про яке ми тільки чули. Мій батько був особливо схвильований нашим переїздом, бо захоплювався засновниками Лейквудської церкви Джоном та Доді Остіном.

Тато спостерігав, як їхній син Джоел збільшив кількість членів церкви з 6000 до понад 30000 лише за кілька років. Мій батько відчував, що я буду благословенний бути в церкві, яка досягає світ.

Поки ми приймали рішення поїхати, я довірився своєму батькові: "ми любимо нашу церкву. У нас так багато хороших друзів, і ми близькі до родини. Немає сенсу переїжджати до Техасу, прослуживши тут лише три роки. Зараз у нас так багато хорошого». Він сказав: «Сину, ці можливості бувають лише раз у житті». Ви ніколи не відчуєте нічого великого, поки не побачите можливість більшу, ніж зміна. Мені довелося зізнатися, що я був настільки зосереджений на змінах, що не дивився на можливості. Зміни можуть бути болісними, коли вам доводиться відмовлятися від того, що ви любите, заради того, що вам ще належить досвідчити. Тоді ми навіть не підозрювали, наскільки це буде болісно.

Ми щойно повернулися з нашої поїздки до Х›юстона, під час якої відчули Божий заклик служити в Лейквуді. Мої батьки були в захваті. Коли ми сказали нашим пасторам у церкві, що ми їдемо, це був гірко-солодкий момент. Їх люб›язна і любляча підтримка полегшила перехід. Доктор Джим попросив нас попрощатися з Церквою та персоналом у вихідні до Дня батька, а в понеділок ми вирушимо до Х›юстона.

У п›ятницю, вісімнадцятого червня, о другій ночі мені зателефонувала мама, яка плакала. «Крейг? Крейг?» вона сказала. «Тата відійшов. Парамедики рятують його, але я думаю, що він відійшов». У мого батька стався серцевий напад, і він вдарився об стіну, перш ніж впасти, і тепер лежав у калюжі крові. «Ллойд, любий, залишайся з нами, Ллойд», — почув я, як кричала моя мама.

«Мамо, почекай, — сказав я. — Нехай його врятують. Це ще не кінець». «Ні, Крейгу, він пішов», — відповіла мама. «Парамедики зупинилися, і тата вже немає».

Я стрибнув у машину й швидко поїхав до батьківського дому, де побачив, що батько все ще лежав на підлозі. Оскільки була кров, його не можна було зрушити з місця, поки не прибула поліція. Кілька днів тому ми з батьком святкували одне з найважливіших рішень у моєму житті; і тепер, у 59 років, мого героя дитинства не стало.

Хто Контролює Ваші Зміни?

Як мені тепер їхати в Х›юстон? Мій розум кидався від однієї думки до іншої: я потрібен мамі; ми все ще збирали речі; моя сім›я була в шоці; Тата не стало; нам довелося займатися організацією похорону; як я міг надихати інших на своїй новій роботі, коли сам був невтішний від горя? З якою кількістю змін людина може впоратися відразу? Несподівані зміни можуть паралізувати нас.

Зміни можуть маскуватися, щоб виглядати як проблема, коли насправді це прихована відповідь. Ми не завжди можемо бачити, що те, що може нас стримувати, - це те саме, за що ми трималися найсильніше. Зміни змусять вас вийти на ігрове поле, коли ви відчуваєте себе комфортно на трибунах. Я не знаю на рахунок вас, але я живу не для того, щоб відчувати себе комфортно; я живу для того, щоб щось змінити. Тим не менш, у вас завжди є вибір: ви або біжите від змін, або реагуєте на них. Ви можете або боятися, або стверджувати, бути пасивним або сильним. Все залежить від того, чи справляєтесь ви зі змінами, Чи Бог керує змінами.

Ви коли-небудь стикалися з більшими змінами, ніж могли витримати? Це приголомшує... але це ще не кінець! Вертикальні лідери не тікають, вони реагують. Вони не пасивні, але могутні, бо знають, що якщо вони залишаться в Ньому, а Його слова залишаться в них, вони можуть просити все, що забажають, і це буде дано (див. Івана 15:7). Коли в житті щось змінюється, це може бути як ураган або легкий дощ. Це залежить тільки від того, хто керує погодою. Дозвольте Богу втихомирити бурі у вашому житті. Його передбачення завжди вірні. У той момент я попросив Бога взяти під контроль моє життя, бути капітаном, а не другим пілотом.

Я ніколи не розумів, чому люди кажуть, що Бог їхній другий пілот. Другий пілот не керує літаком; головний пілот керує. Другий пілот отримує накази від капітана. Не знаю, як ви, але я не наказую Богові, коли він написав посібник. Можливо, ми боремося з нерішучістю, тому що ми взяли контроль і зробили Бога другим пілотом. Пам'ятаєте літак, який дивним чином приземлився на річці Гудзон після відмови двигуна? Слава Богу, капітан керував літаком і мав досвід, щоб знати, як керувати літаком і посадити його на воду. Він точно знав, як реагувати на раптову зміну. Іноді вам дійсно потрібен капітан!

Через тиждень після смерті мого батька ми згадували та ділилися хорошими спогадами про його життя і поховали його тіло. У вихідні до Дня Батька ми попрощалися з церквою, а наступного дня сіли в машину і поїхали до Х›юстона, щоб працювати у найбільшій церкві Америки. Поговоримо про дивовижне! Єдине, що я знав посеред цього хаосу, - це те, що Бог все контролює.

Коли ви збираєтеся запустити служіння, а ніхто не приходить вас навчити, хто все контролює? Коли ваші фінанси зменшуються, і ви не знаєте чому, хто все контролює? Коли ваш шлюб розпадається, і ви турбуєтесь про дітей, хто все контролює? Або Бог контролюватиме зміни, або зміни контролюватимуть вас.

У розпал змін найкраще припинити говорити і думати, а почати слухати і молитися. Іноді нам потрібно слухати, а не говорити. Як ми можемо знати, що говорить Бог, коли ми самі говоримо? Можливо, Він захоче сказати нам, що нам робити, і Він би це зробив, якби ми лише змогли вимкнути перемикач мислення й дозволити Богу вилити Свою мудрість.

Наш Погляд на Бога Визначає Наш Погляд на Зміни

Ми хотіли б, щоб Бог був більш звичним і передбачуваним. Однак, якби Він був таким, не було б ніяких чудес, ніяких знамень, цікавинок і мрій. З Богом ніколи нічого не відбувається. Коли ви служите Богу, ви стаєте частиною революції, хочете ви цього чи ні, тому що Бог тут для того, щоб змінити світ, а ви - його агент. Він розвиває вас, щоб ви могли розвивати інших. Бог хоче, щоб ми трансформувались і розвивалися, розуміючи можливості, яких можна досягти завдяки нестримній вірі. Він уже написав сценарій і чекає, поки ми виконаємо цю роль.

За два тижні ми залишили наш дім, нашу церкву, наше служіння та мого батька, і хоча я знав у своєму серці, що Бог контролює, мій розум керувався моєю невпевненістю, а не моєю вірою. Відмова від того, що ви любите або з чим знайомі, може бути дуже бентежною. Чим більше я думав про свої страхи і чим більше висловлював свою невпевненість іншим, тим більще я ставав невпевненим. Мої слова та думки підривали мої переконання, замість того, щоб мої переконання визначали мої слова та дії. Я слухав усі причини, чому я не повинен змінюватися, замість усіх причин, чому я повинен. Моя віра була випробувана не стільки зовнішніми обставинами (якими б важкими вони не були), скільки моєю внутрішньою реакцією. Я зіткнувся з тими ж питаннями, з якими стикаються всі вертикальні лідери, вражені несподіваними змінами: чи довіряв я Богу? Чи вірив я, що звернення до нової можливості, смерть мого батька і відхід з церкви через три роки-все це було частиною вищої мети Бога в моєму житті? Одне з моїх основних переконань полягає в тому, що Бог постійно показує нам щось нове, веде нас до нових місць і веде новими шляхами, які набагато ширші, ніж ми можемо собі уявити.

Зміни можуть поглибити нашу довіру до Бога. Рішення, які ми приймаємо, є побічним продуктом змін, які постійно відбуваються в нашому житті. Коли ми маємо сміливість дивитися на обставини через іншу призму, ми змінимося на краще і приймемо кращі рішення.

Незважаючи на свою невпевненість, я згадав про свої основні переконання і почав бачити точку зору Бога. Я знав, що це правильне рішення - поїхати в Лейквуд, тому що Бог змінив нас і підготував до цього нового переходу.

Як Щодо Змін у Керівництві?

Коли ви стикаєтесь з несподіваними та небажаними змінами, ви відчуваєте найрізноманітніші емоції: шок, гнів, розчарування, заперечення, страх і, зрештою, рішучість. Вертикальні лідери розуміють, що потрібна мужність, щоб пройти через ці зміни. Мужність - це не просто зустріч віч-на - віч з чимось новим; іноді мужність-це здатність відпустити щось. Коли ви не хочете відпускати, Бог нагадує вам, що настає новий сезон. Ви коли-небудь відчували, що не можете обійтися без певної людини у вашому відділі: що робити, якщо ця людина піде? Як би я замінив його чи її? Ви витрачаєте дорогоцінний час і енергію, турбуючись про заміну того, хто йде, замість того, щоб направити цю енергію на пошук когось іншого, хто дійсно хоче бути поруч. Ніхто не незамінний, крім Бога. Той Самий Бог, Який дав вам цю людину на сезон, забезпечить вас кимось на новий сезон. Коли пастор Джон Остін помер, багато хто замислювався, хто міг би замінити таку велику людину віри. І все ж людина, яка збиралася вивести Лейквуд на абсолютно новий рівень, була прямо там, за лаштунками, непоміченою. Але Бог давно помітив Джоела і просто чекав потрібного часу.

Рух Вперед зі Змінами

Коли ми відчуваємо зміни, сміливість інколи вимагає переслідувати тих, на кого найменше звертають увагу. У вашій команді може бути хтось, хто має запал, але не виставляє його напоказ. Для вас це не помітно, але Бог знає потенціал людини. Просіть Бога дати вам спостережливе око, щоб бачити тих, кого інші не помічають. Голка в копиці сіна чи неопрацьований діамант можуть бути використані, щоб змінити світ. Люди часто нехтують Божим вибором, тому що дозволяють невдачам у чийомусь минулому визначати його чи її майбутнє. Легко забути, що невдача може стати чиїмсь найбільшим надбанням.

Протягом усієї Біблії Бог використовував неідеальних людей для здійснення великих справ. Авраам міняв дружин, у Мойсея був дефект мови, Матвій був злодієм, Петро був брехуном; і все ж Бог бачив у них щось, чого не могли побачити інші. Наші помилки стають Божими чудесами. Листя опадає з дерев восени, щоб навесні могло вирости нове листя. Занадто часто ми чіпляємося за старе, коли Бог хоче нового росту.

Фокус на Здобутках

Зміни можуть відбуватися плавно, а можуть бути схожі на те, як ніби ви водите нігтями по шкільній дошці. Так само, як нам потрібна мужність, щоб відпустити, нам також потрібна мужність, щоб зіткнутися зі змінами віч-на-віч і дозволити Богу внести щось нове у наше життя. Якщо ваш бізнес чи служба не розвиваються, можливо, ви створили механізм, який протидіє процесу змін, і ви навіть не усвідомлюєте цього. Як лідер, ви повинні не тільки мати мужність змінюватися, але й заохочувати інших до змін. Зміни можна тільки заохочувати; вимушені зміни породять оборонну позицію.

Будь то наше здоров›я, наші стосунки, наш спосіб життя, наше служіння чи наші стосунки з Богом, завжди є щось, що має змінитися і вирости в нашому житті. Коли пастор Джоел одного ранку говорив про зміну того, як ми дбаємо про своє тіло, він згадав, що свинина - не найздоровіша страва для нас. Моя дружина сиділа поруч із жінкою, яка одразу похитала головою і сказала собі під ніс: «Е-Е-Е, Пасторе, не говоріть цього. Ви не заберете у мене реберця». Моя дружина ледь не впала зі стільця від сміху. Хоча це було смішно, вона помітила, що жінці було важко сісти на своє місце і встати з нього через зайву вагу. Одна зміна її мислення може призвести до дивовижної зміни способу життя, яка багато в чому піде їй на користь. Тим не менш, при змінах ми зазвичай більше турбуємося про те, що втратимо, а не про те, що придбаємо.

Багатий юнак в Матвія у 19 розділі зіткнувся з цією дилемою. Він запитав Ісуса: Учителю [добрий], що доброго я маю робити, аби мати вічне життя?". "Ісус відповів йому: Якщо хочеш бути досконалим, піди та продай своє майно, роздай бідним і матимеш скарб на небесах, а тоді приходь і йди за Мною". Багатий юнак почув це і засмутився, бо не думав про те, що придбає; він був зосереджений на тому, що втратить. Багатий молодий правитель хотів отримати гарантію того, що у нього буде вічне життя. Йому потрібно було завдання, яке він міг би виконати, щоб забезпечити собі безсмертя. Цей молодий чоловік упустив можливість всього свого життя, шанс змінити світ, тому що він зосередився на своїх багатствах минулого, а не на достатку багатств в своєму майбутньому.

Якщо ви хочете справжніх змін у своєму служінні, на роботі чи в бізнесі, можливо, вам доведеться відмовитися від того, що ви любите зараз, щоб мати можливість отримати те, що підніме вас вище. Чи варто відмовлятися від певної їжі, якщо ви знаєте, що це дасть вам довше та краще життя? Ми всі хочемо комфортних змін зі швидкістю, яку ми можемо контролювати. Але якщо ви хочете побачити великі позитивні зміни у своєму житті, можливо, вам доведеться чимось пожертвувати заради більшої картини. Це вам щось коштуватиме.

Зміни Вимагають Терпіння та Рівноваги

Нелегко поєднувати особисте життя зі служінням чи роботою. Коли я бачу, як люди припиняють служити в нашому служінні, зазвичай це відбувається тому, що щось поза церквою ускладнює службу в церкві. Кожна людина по-різному реагує на зміни. Вільям Бріджес розповідає про зміни у своїй книзі «Управління перехідними процесами, роблячи максимальну користь від змін», кажучи: «Не зміни впливають на вас; це перехідний процес».[2] Переміни легкі; переходи важкі. Зміни швидкі; переходи повільні і безладні. Мистецтво змін делікатне, тому що люди переходять по-різному. Лідер, який рухається занадто швидко, може задавити деяких людей. Лідер, який рухається занадто повільно, втратить можливість.

На нещодавній конференції я чув, як пастор Девід Вейл відзначав три фази переходу, посилаючись на книгу Вільяма Бріджеса. Перший етап, який називається «закінчення», включає всі ті речі (відносини, процедури, концепції), які повинні закінчитися або почати закінчуватися, перш ніж може розпочатися перехід. Наприклад, переходячи на нову роботу, спочатку потрібно завершити стару. Добре завершення допоможе вам легше переходити на нову роботу. Коли хтось залишає вашу команду служіння, допомагаючи йому піти в хороших стосунках, допоможе новим членам команди отримати чистіше полотно для малювання.

Друга фаза переходу, «Подорож дикою природою», охоплює безплідний ландшафт між старим і новим шляхом. Ця емоційна пустеля часто формує новий спосіб мислення. Коли в команду приходить новий член або коли ваша команда звикає до відсутності члена команди, ви починаєте відкривати для себе новий спосіб роботи. Пустеля передбачає скорботу втратити те, що було, і початок уявлення можливостей, які можуть бути. Коли це відбувається, ви починаєте третю фазу переходу, «початок». Початок рідко збігається з початком нової посади.

Початок починається, коли команда прийняла реальність змін і почала працювати над новим сезоном. Це трапляється, коли люди починають служити по-новому з правильним серцем і розумом.[3]

Створення Хорошого Переходу

Терпіння і врівноваженість необхідні, щоб допомогти іншим пережити перехідний період і адаптуватися до змін. Ці якості допомагають мислити як людина дії і діяти як мисляча людина. Продумати це мудро, але чим довше ви чекаєте, тим важче змінити ситуацію.

У нас є речі, які ми знаємо, що нам потрібно змінити, але ми дозволяємо їм лежати там, як сплячий велетень. Згодом усі помітять велетня в кімнаті. Якщо у вас є співробітник або волонтер, який є чудовою людиною, але не підходить для цієї роботи, потрібні терпіння та врівноваженість. Вам потрібні зміни, щоб відбулося зростання, але ви не хочете зранити того, хто вам дорогий. І все ж, якщо ви не поміняєте цю людину на іншу, ви будете задовольнятися меншим, ніж найкращим. Ця людина могла б стати відмінним лідером на іншій посаді, але він або вона не підходять для поточної роботи.

Протистояння Велетню

Тримати за правильну людину у неправильному для ній служінні нікому не допоможе. Служінню завдається шкода, коли воно має неефективного лідера, а людині завдає шкоди, коли їй не допомагають знайти найкращу відповідність її навичкам і здібностям. Ніхто не виграє, коли лідер вирішує задовольнитися посередністю замість того, щоб прийняти важке рішення. Єдиний спосіб ефективно протистояти ситуації, коли у вас є правильна людина на неправильній роботі, - це говорити правду з любов›ю. Це, звичайно, непросто, і інші не завжди зрозуміють або погодяться з вами, але в кінцевому підсумку краще бути відвертим, ніж робити вигляд, що все виходить.

Мені доводилося приймати кілька важких рішень з керівниками, які мені дійсно небайдужі, але які не підходили для нашої команди. Оскільки ми чесно дивилися на ситуацію, вони змогли зрозуміти, що ідеально підходять в іншу команду. Лідери покликані іноді приймати важкі рішення, що вимагають терпіння і врівноваженості. Навіть у найсприятливіших ситуаціях нелегко відсторонити людину від керівництва. Якщо ви не можете приймати важкі рішення, можливо, ви не покликані бути лідером лідерів. Лідер лідерів приймає важкі рішення, до яких багато хто не бажає прикладати свої руки.

Правильний вибір-це не завжди легкий вибір. Лідери приймають важкі рішення, щоб послідовники могли спокійно йти в чіткому напрямку.

Змінюватися з гідністю

Ви зіткнетеся з моментами, коли вам потрібно буде швидко зробити зміни, знаючи, що реакція людини, яку ви змінюєте, буде негативною; однак вертикальні лідери стежать за тим, щоб до інших ставилися якомога гідніше. Дякувати і вшановувати людину за служіння і витрачений час важливо не тільки заради неї самої, але і заради всіх людей, в яких вона інвестувала на цьому шляху. Навіть якщо людина не в захваті від переходу, коли все вирішиться, вона, сподіваємось, оцінять, що ви ставилися до неї з честю та гідністю.

Те саме можна сказати, коли ви переходите з однієї роботи на іншу. Не принижуйте людей, які були на цьому місці до вас; це допомагає вам виглядати краще. Пам'ятайте, є люди, які дійсно оцінили інвестиції вашого попередника. Робіть те, до чого вас покликав Бог, і шануйте тих, хто пішов перед вами.

Заключне слово

Вертикальні лідери приймають зміни, тому що Бог постійно створює нові ситуації, щоб допомогти нам рости як лідерам і як людям. Як би нам цього не хотілося, ніхто не залишиться в нашому житті назавжди. Довіра Божій мудрості, коли люди приходять і відходять із вашого життя, і навчаючи свою команду робити те саме, Ви отримаєте вертикальну перспективу, необхідну для продовження створення шедевра, який він задумав для вас створити. Ви Його шедевр!

Погляд з Окопів Вгору

Дебра Джексон
Член команди Лейквуд

Одного разу пастор Крейг викликав мене до свого кабінету і сказав: “Дебра, ти завжди ставиш інших вище себе. Тобі пора знову почати мріяти». Це справді зворушило моє серце. Він знає, що я зараз дбаю про свою матір, але він не знав, що я дбаю про членів сім›ї більше 15 років. Він просто знав, що я відкладала свої мрії і, по суті, перестала мріяти. Для мене настав час внести деякі зміни, і пастор Крейг знає, що це непросто!

Коли Крейг вперше прибув до церкви Лейквуд як дитячий пастор, він вніс деякі серйозні зміни в програми для дітей. Ми роками робили те саме, тому ідея змін не була дуже популярною, особливо від «новенького пастора». Проте зміни виявилися надзвичайно успішними. Наше дитяче служіння вийшло на новий рівень, наша команда волонтерів зросла втричі, відвідуваність наших дітей зросла більш ніж удвічі, а наші програми для дітей є одними з найкращих. Ми в захваті від того, як Бог використав одну людину, щоб підняти служіння дітям на нову висоту. Він стежить за тим, щоб наші програми залишалися актуальними, щоб ми могли успішно служити сучасним дітям і сім’ям. Ми продовжуємо йти від слави до слави! Він впевнений у собі лідер, і це свідчить про те, що він відданий і пишається тим, до чого Бог покликав його. Він не тільки веде, але і надихає і мотивує нас прагнути більше!

Однією з перших речей, які Крейг зробив у Лейквуді, було планування зустрічей зі своїми керівниками, щоб познайомитися з нами особисто. Десь в ході нашої розмови він поставив мені питання про те, як у мене справи в команді. Спочатку я не хотіла відповідати, але сказала йому, що втратила довіру до деяких лідерів. Він кинув на мене твердий, але турботливий погляд і сказав: “Навіть коли тобі боляче, ти повинна вийти з човна і знову довіряти. Важко досягти успіху і вести за собою інших, якщо ти не довіряєш людям. Коли ти не довіряєш людям, ти обмежуєш себе.” Тоді він сказав: «Мені справді потрібно, щоб ти попрацювала над цим і внесла зміни, добре?» Ця заява пронизила моє серце. Я знала, що Бог промовляє до мене і каже, що настав час зруйнувати стіни, змінитися і знову почати довіряти. Ви можете очікувати більшого від своєї церковної родини, але ви не можете зводити стіни.

Ми щиро віримо, що всі в нашій команді є там за божественним призначенням. Пастор Крейг взяв за мету, особливо в останні кілька років, справді питати Бога хто приєднується до нашої команди. Він намагається переконатися, що ця особа не тільки кваліфікована для цієї посади, але також є правильною людиною та підходить. Він розуміє силу в єдності та те, скільки ще можна досягти, коли є єдність.

Прихильник міцних сімей, Крейг сильно прагне до того, щоб сім'ї стали міцними з сильною вірою, щоб вони могли жити переможним, повним життям, яке Ісус помер, щоб подарувати нам.

Він не хоче, щоб будь-яка дитина чи сім'я залишилися позаду через неправильне мислення чи відсутність знання про Божу любов і план для їхнього життя. Це велике завдання для будь-якої людини, церковного персоналу або команди, але ми спостерігаємо прориви в житті сімей. Нам належить пройти довгий шлях, але ми на своєму шляху і бачимо, як життя змінюється на краще. Це чудове нагадування мені, що я ніколи не повинна припиняти підбадьорювати своїх дітей, онуків, братів, сестер, тіток, дядьків і робити все можливе, щоб залишатися на зв›язку зі своєю сім›єю.

Всякий раз, коли я отримую можливість поділитися тим, що відбувається в Kidslife, з іншим служінням або іншою церквою, я дивуюся тому, якою кількістю інформації я можу поділитися і як багато ми насправді тут робимо, а також тим ресурсам, які нам доступні. Коли пастор Крейг прибув до Лейквуда п›ять років тому, він прийшов з досконалістю, піднесенням, творчістю, інноваціями, рішучістю, впевненістю та з великою метою. Бог дав йому здатність бачити і розпізнавати дари і таланти в інших, і він чуйно ставиться до їхніх потреб і почуттів. Він сказав нашій команді: »Давайте людям те, що їм потрібно, а не те, що їм не потрібно». Це дійсно запам›яталося мені. Я не в захваті від того, що «няньчуся» з людьми (або маю справу з людьми, які потребують підвищеної уваги), але протягом сезону я зроблю все, що в моїх силах, щоб допомогти і спонукати людину рухатися вперед. Вносити необхідні зміни та давати людям те, що їм потрібно, - це правильно.

ПРАКТИЧНІ ЗАВДАННЯ

1. Про які образи чи враження ви думаєте, коли читаєте фразу «Зміни неминучі, але прогрес — ні»?
2. Хто контролює ваше життя? Яка різниця між тим, якщо думати про Бога як про капітана, а не як про другого пілота?
3. Згадайте випадок, коли ви дозволили зміні керувати вашим рішенням замість того, щоб повірити, що Бог керує зміною.
4. Чи є сфери у Вашому житті вдома чи на роботі, які ви хотіли б змінити? Складіть список усього, що Ви отримаєте, якщо ці зміни відбудуться.
5. Чи є навколо вас люди, яких Бог, можливо, хотів би використовувати як лідера, але ви не розглядали їх через минулі невдачі? Попросіть Бога дати вам можливість побачити Його точку зору і те, що Він, можливо, хотів би зробити з минулими невдачами.
6. Подумайте про останні зміни у вашому житті або в команді, якою ви керуєте. Що сталося під час трьох етапів переходу? Чого ви навчилися?
7. Коли ви стикаєтеся з необхідністю відпустити когось, хто знаходиться в неправильному положенні, що заважає вам протистояти проблемі? Як терпіння, врівноваженість і гідне ставлення до людини допоможуть вам змінитися?

Примітка

1.Dr. RickKirschner,"The Art of Change: Skills for Life,"2009. http://theartofchange.com.

2.William Bridges, *Managing Transitions While Making the Most of Change* (New York: Da Capo Press, 2009), p. 3.

3.David Wiel, *The Three Phases of Transition,* Willow Creek Conspire Conference, March 19, 2009.

13

Рівні Посвячення Оцінюються За Рівнями Виконання

Успіх-це те, як інші дивляться на вас; самореалізація - це те, як ви дивитесь на себе.

Коли мене запитають про мої два улюблені ресторани, ви ніколи не почуєте, як я розмовляю про модні заклади з великим меню та високими цінами.

Я завжди буду вибирати два найкращі ресторани швидкого харчування, які я коли-небудь відвідував. Я знаю, що фраза «найкращий ресторан швидкого харчування» може звучати як оксюморон, але в цих закусочних подають чудову їжу з чудовим обслуговуванням за чудовими цінами, що забезпечує незабутні враження. Не зрозумійте мене неправильно, це не єдині заклади, де подають гамбургери та курку, але вони одні з небагатьох, де це роблять так добре.

Коли я повертаюся до Каліфорнії, як тільки я виходжу з літака, я одразу прямую до найближчого *In-N-Out*, щоб скуштувати бургера. У меню небагато варіантів: це лише чізбургери, картопля фрі та напої. Але, о, як же вони смачні! Я беру свій дабл-дабл зі свіжо нарізаною картоплею фрі та шоколадним коктейлем і знаю, що я вдома. У них немає курки, свинини, тако або спагетті. Їхня репутація тримається виключно на гамбургерах. «*In-N-Out*, ось що таке гамбургери!» *Chick-fil-A* — ще один мій фаворит. Якщо в ньому немає курки, його не подають. Найкращі курячі нагетси, картопля фрі з вафлями та коктейлі, які ви коли-небудь знайдете. Їх слоган: «Їж більше курки», на вивісці зображена корова яка говорить ці слова. Геніально! Я намагаюся відвідувати ці заклади при кожній можливості. Коли я хочу курку, перше, Куди я йду, - це «*Chick-fil-A*. Коли я в Каліфорнії, перше

місце, куди я йду за бургером, - *In-N-Out*.

Судячи з кількості відвідувачів, постійних покупців та кількості ресторанів, ці дві мережі є двома найуспішнішими франшизами у світі. Що у них спільного? По-перше, вони обидва мають дефіси в середині назв. По-друге, обидва вони були засновані християнами, які заснували свої ресторани, керуючись благочестивими принципами. По-третє, вони обидва вибрали скорочене меню, і вони роблять це напрочуд добре.

Ви не знайдете курки в *In-N-Out* і не знайдете гамбургерів у *Chick-fil-A*. Вони обидва добре тренують свої команди та платять їм краще, ніж інші представники індустрії швидкого харчування. Їхні працівники відчувають, що їх цінують, і вони постійно пропонують чудові послуги. Нарешті, обидві мережі готують чудову їжу. Люди буквально жадають гамбургерів і курки.

Комік Тім Хокінс написав пісню про *Chick-fil-A* на мелодію пісні Beatle's «Yesterday». Це виглядає так:

> *Chick-fil-A, я міг їсти там сім разів на день, де люди сміються, а діти грають*
> О, я закоханий у Chick-fil-A. раптом мені захотілося, щоб переді мною були вафлі з картоплею фрі, кілька нагетсів і велика чашка солодкого чаю, О, Чик-Філ-А, ти звільнив мене.[1]

Що викликає у людей таке захоплення цими закладами швидкого харчування? Що змушує людей повертатися знову і знову? Рівень їх прихильності високий, оскільки рівень їх самореалізації високий. Ми часто думаємо, що люди прагнуть до того, що більше і краще, але насправді люди прагнуть до якості: до того, що приносить їм найбільше задоволення. Ці два заклади роблять кілька речей добре. Вони встановили основні цінності і ніколи від них не відступали. Смачна їжа, чудові люди, відмінний сервіс за відмінною ціною - все це створює незабутні враження. Співробітники знаходять місце, де їм подобається працювати, а клієнти насолоджуються феноменальною їжею, тому рівень їх прихильності зашкалює.

Успіх – це те, як вас бачать інші, а досягнення – те, як ви бачите себе. Як лідеру, інші дадуть вам багато ідей щодо того, як створити свою компанію чи служіння. У той час як успіх когось іншого може надихнути вас, він також може мати негативний вплив на ваше ставлення до себе. Ви коли-небудь йшли на конференцію в надії отримати натхнення, але залишились пригніченими і трохи в депресії? Ми раптом відчуваємо, що нам потрібно стати кимось іншим або прийняти чуже бачення, щоб досягти успіху. Ви ніколи не досягнете самореалізації, якщо будете постійно прагнути до чужого успіху. Що Бог уже вклав у вас? Що ви робите добре? Як лідер, чи відійшли ви від того, що у вас добре виходить? Можливо, ви запитаєте: «що ти маєш на увазі, Крейг?»Дозвольте навести вам приклад.

Commitment deepens when people feel valued. Why do you have so many ministries at your church—more than you can possibly resource Відданість поглиблюється, коли люди відчувають, що їх цінують. Чому у вашій церкві так багато служінь—більше, ніж ви можете виділити належні ресурси? Хтось припустив, що є необхідність, або, можливо, ваша команда подумала, що це гарна ідея, або, можливо, це остання тенденція. Що відбувається, коли ви починаєте те, що ваш бюджет або робоча сила не можуть підтримувати довго? Зрештою ви знецініте загальну програму та людей, які працюють у ваших командах. Вони не отримують необхідної підтримки або перенапружуються, добровільно виконуючи занадто багато завдань одночасно. Чому ми так часто запускаємо програми, які виходять за рамки центрального бачення нашої церкви? Чому церкви та підприємства намагаються бути шведським столом, а не оригінальною стравою? *Chick-fil-A* та *In-N-Out* продають гамбургери та курку. Їхнє бачення чітке, і вони залишилися вірними своєму первісному баченню.

Занадто багато компаній перестають бути оригінальними в прагненні задовольнити всі потреби клієнтів. Церкви і служіння можуть робити одну і ту ж помилку. Можливо, ваша церква призначена для чудового служіння дітям, а не для служіння одиноким людям. Це може здатися радикальним, але якби хтось прийшов до вас як до пастора і сказав: ««Нам потрібно розпочати чудове служіння для неодружених тут, у церкві», ви могли б сказати:»Це не те, до чого Бог покликав нас, але в церкві далі по вулиці є приголомшлива програма для неодружених».

Як церкви ми занадто часто думаємо, що якщо люди цього хочуть, ми повинні це зробити. Я бачив, як надто багато людей почувалися знеціненими, коли ми починали щось, що мали дозволити комусь зробити, бо ми боялися втратити людей. Коли Христос говорить про церкву, Він говорить не про окрему церкву, а про всю церкву.

Чому ми робимо сотню справ з обмеженими ресурсами замість того, щоб зосередитися на великих цілях, за які цінують церкву або бізнес? Якщо великі цілі-це смачна їжа та відмінне обслуговування за чудовою ціною, тоді дотримуйтесь цього і вкладайте всю свою енергію в досягнення цих цілей. Не чіпляйтеся за служіння лише тому, що хтось із 1982 року сказав, що це гарна ідея; переконайтеся, що це відповідає поточному баченню вашої церкви чи компанії. Робіть кілька речей добре, замість того, щоб робити все те, що, на думку когось іншого, Вам слід робити. Не ускладнюйте.

Те, що цінує ваш лідер, вплине на те, як цінують ваше служіння. У *In-N-Out* і *Chick-fil-A* схожі системи цінностей. Якби ви працювали в будь-якому з них і намагалися забезпечити чистий ресторан, свіжу їжу чи хороший сервіс, ви, мабуть, не протрималися б довго. Обидві мережі стверджують, що християнські переконання та цінності були основоположною частиною того, як починалися їхні компанії та як ними керували протягом багатьох років. У заяві про корпоративну мету *Chick-fil-A* йдеться про те, що бізнес існує «для того, щоб прославляти Бога, будучи вірним розпорядником всього, що нам довірено, і надавати позитивний вплив на всіх, хто вступає в контакт з *Chick-fil-A*". С. Труетт Кеті, засновник *Chick-fil-A*, каже,

“Наше рішення закритися в неділю — це наш спосіб віддати честь Богу та спрямувати увагу на речі, важливіші за наш бізнес. Якщо б нам знадобилося сім днів, щоб заробити на життя рестораном, то нам потрібно було працювати в іншій сфері. Упродовж багатьох років я ніколи не відступав від цієї позиції". Маючи 3,5 мільярда доларів продажів на рік, здається, все йде добре.[2]

In-N-Out проявили трохи більше делікатності, надрукувавши посилання на біблійні вірші на своїй паперовій продукції. Шрифт дрібний, містить номери книг, глав і віршів, а не сам текст. Якщо ви замовите дабл-дабл, на упаковці може бути надруковано «Наум 1:7».

Якщо ви не згодні з основними цінностями і хочете направити одну з цих двох компаній в іншому напрямку, у вас можуть виникнути проблеми. Скажімо, ви хотіли подавати фалафелі в *In-N-Out* або тако в *Chick-fil-A*; у вас можуть виникнути проблеми з просуванням цієї ідеї.

Проте, як лідери, ми іноді дозволяємо собі збитися з шляху

і дивуємося, що команда не хоче подавати тако. Коли я приїхав до Лейквуда, перше, що я зробив, - це з›ясував, що важливо для провідного пастора. Сильне поклоніння було важливим, тому ми створили сильну музичну програму в рамках Kids life. Ми знали, що маємо вплести послання надії та любові в нашій програмі, тому що це було центральне послання, яке надходило від нашого пастора, і це було суть церкви. Я пов'язав те, що ми робили, з тим, що вже цінувалося, і нас підвищили, тому що ми прагнули досконалості в сферах, які відповідали серцю нашого лідера.

Якщо ви працюєте під керівництвом головного пастора або президента компанії, дозвольте мені дати вам пораду: якщо пастор або президент не стоїть за тим, що ви робите, тоді це зазвичай не просуватимуть. Ви можете розпочати новий проект і запустити його як масову кампанію, але навіть якщо він може бути цінним для вас, вам буде важко побачити його оцінку у вашій церкві чи бізнесі. Якщо ви відчуваєте, що загальний напрямок церкви чи бізнесу потребує змін, переконайтеся, що ви спочатку заручилися підтримкою керівництва, перш ніж приступати до впровадження змін. Ви можете запитати, чому пастор не цінує те, що ви робите. Правильний час задати це питання - не через два роки після початку програми, а до того, як ви почнете.

Перш ніж приїхати в Лейквуд, я запитав пастора Джоела про те, наскільки він цінує дітей і сім'ї та які ресурси він готовий викласти на це. Я знав, що все, що він цінує, буде підтримано, а моя команда та волонтери відчують, що їх цінують. Я бачу безліч розчарованих лідерів, які борються з тим, що їх не цінують. Зазвичай це не має нічого спільного з ними особисто, але їхні проекти не відображають пристрасті та відданості лідера в цілому.

Можливо, ви вважаєте, що все має бути «справедливо», і кожне служіння чи відділ повинні отримувати однакову увагу та підтримку. Але дозвольте мені поставити вам запитання: Чи приділяєте ви однакову увагу всьому, що робите у своєму житті? У моєму житті є речі, якими я захоплююся, а є речі, які я ціную менше, виходячи з того, ким мене створив Бог. Одна річ не є кращою за іншу, але Бог створив мене людиною, яка з більшим ентузіазмом ставиться до однієї сфери і з меншим ентузіазмом - до іншої. Те ж саме стосується і ваших лідерів. З›ясуйте на початку, чим вони захоплені, і приведіть себе і свою програму у відповідність до їхніх цінностей і бачення.

Знання того, хто ви є, чому ви робите те, що робите, і хто є вашим лідером, допоможе вам зрозуміти, як ефективно побудувати команду в культурі, частиною якої ви є. Якщо ви хочете, щоб рівень реалізації та відданості зростав, вам потрібно поставити собі чотири запитання.

Все Зрозуміло?

Ідентичність, ідентичність, ідентичність! Ніхто не хоче йти за тим, хто не знає, хто він і куди йде. Проекція чіткого та послідовного бачення допомагає вашій команді зрозуміти, куди ви прямуєте і як ви дістанетесь до місця призначення. Чим більше ви допомагаєте своїй команді зрозуміти, куди ви прямуєте, чому і як ви збираєтеся туди потрапити, тим більше у вас шансів на успіх. Намагайтеся не бути схожими на рекламодавців, які просувають продукт, але не звертають уваги на дрібний шрифт. Якщо ви пропустите дрібний шрифт, люди відчують, що їх ввели в оману. Бачення *In-N-Out* було чітким і простим, щоб люди могли зрозуміти і слідувати йому з самого початку. «»Пропонуйте клієнтам найсвіжіші та найякісніші продукти харчування, які ви можете купити, і надайте їм доброзичливе обслуговування в блискучій чистоті».[3] Воно було зрозумілим, простимі впізнаваним, і залишається таким і через 60 років. Коли ви чітко усвідомлюєте, хто ви є, маєте чітке бачення, прагнете досконалості, дбаєте про своїх людей і підкріплюєте свої слова, ви створите групу ентузіастів-волонтерів або працівників. Ваше служіння матиме довготривалий вплив, про який люди будуть говорити і через 60 років.

Чи Можна Вас Виміряти?

Ви коли-небудь літали на повітряній кулі? Іноді політ полягає в тому, що ви піднімаєтеся в атмосферу, деякий час літаєте і насолоджуєтеся краєвидом. Це більше про враження, ніж про подорож до місця призначення. Але є й інші польоти на повітряній кулі, які здійснюють дослідники, що збирають натовп, який спостерігає за їхнім просуванням у точці старту. Хвилювання зростає, коли дослідник наближається до місця призначення. Коли вони нарешті прибувають, натовп знову збирається, щоб відсвяткувати досягнення. Незалежно від того, чи були ви на повітряній кулі, чи просто спостерігали з землі, ви відчуваєте, що стали частиною грандіозної пригоди.

Лідерство дуже схоже на політ на повітряній кулі. Деякі лідери піднімають свої команди в повітря, щоб вони ширяли і весело проводили час; але коли вони спускаються вниз, то виявляють, що насправді нікуди не полетіли. Інші лідери складають план, представляють цілі та місце призначення, вирушають назустріч пригодам, можливо, з труднощами, але врешті-решт досягають місця призначення, де їх чекає натовп, готовий відсвяткувати успіх. У цьому сценарії, навіть якщо ви не брали участі у виконанні, спостерігаючи здалеку, ви відчуваєте, що є частиною успіху.

Чи є великим сюрпризом усвідомлення того, що люди відчувають себе більш задоволеними і рівень їхньої відданості зростає, коли вони відчувають, що вони щось почали і завершили? Всім подобається хвилювання на початку забігу і піднесення, коли перетинаєш фінішну лінію. Щороку ми оголошуємо цілі нашого служіння всій нашій команді лідерів. Ми розповідаємо їм, куди ми йдемо, як ми збираємося туди потрапити і просимо Бога допомогти нам досягти наших цілей. Найкраща частина мого року відбувається на зустрічі нашої команди, коли ми ділимося тим, чого Бог допоміг нам досягти. Я радію, спостерігаючи за обличчями людей, які розпочали забіг з великими сподіваннями і закінчили його з перемогою. Радість наповнює кімнату. Наприкінці року рівень виконання досягає небувало високого рівня і породжує високий рівень відданості для служіння в наступному році.

Це важливо не тільки для служіння, але й для людей, яких ми намагаємося розвивати. Ми в Лейквуді прагнемо зробити внесок у професійне та особисте життя всіх наших волонтерів. Деяким з них було важко, і їх ніколи не вчили, як завершувати розпочаті справи. Вони ніколи не відчували задоволення, яке приносить добре виконана робота. Один з найцінніших уроків лідерства, який можна засвоїти, - це вміння доводити справу до кінця. Коли наші лідери вчаться ставити цілі та вимірювати свій успіх у служінні, вони часто беруть ці інструменти у свої домівки та робочі місця. Пам›ятайте, що вертикальні лідери дбають не лише про те, як людина працює в організації; вони також дбають про її особисте життя та розвиток.

Чи Легко За Вами Слідувати?

Чому люди в рекордній кількості йдуть за Джоелом Остіном, а не за іншими людьми? Джоел, як і багато лідерів, має сильне духовне життя і щиру любов до інших. Він справді хоче бачити, як люди відкривають у собі найкраще, що є в Бозі. Хоча ці характеристики є основоположними, однією з найбільших причин, чому люди слухають Джоела, є те, що його легко наслідувати. Він навчає і висловлюється з великою ясністю. Мене завжди вражає, коли я запитую лідера про його бізнес або служіння і отримую складну відповідь про багатогранність і глибину його роботи. Я думаю собі: «Чи справді пересічна людина зрозуміє, про що вони говорять?».

У Kidslife працює п›ять різних служб, одна з яких іспанською мовою, а також 1,350 волонтерів, які працюють у різних командах. Наша керівна структура включає персонал, лідерів служінь, вчителів, помічників, програмістів, групи прославлення, гурти, театральні колективи, спеціалістів з особливими потребами і так далі. Іноді я дивуюся, як ця програма взагалі здійснюється і як Бог змушує її працювати щотижня. Якщо я думаю про це занадто довго, я перевантажуюсь і моя голова починає паморочитися. Чому це працює? У нас є проста і зрозуміла мета: ми будуємо людей. Основна мета кожного лідера - будувати і надихати своїх людей. Бог будує і надихає нас, тому ми будуємо і надихаємо інших. Це легко зрозуміти, не надто складно.

Слоган *Chick-fil-A*: "Ми не винайшли курку, а лише курячий сендвіч". Вони хочуть подавати найкращу курку з найкращим сервісом: просто і зрозуміло. Люди люблять слідувати тому, що їм зрозуміло. Коли люди в Х'юстоні хочуть хороший, швидкий сендвіч з куркою, вони знають, куди йти. Клієнти прихильні, тому що бачення *Chick-fil- A* просте і зрозуміле: Це добре, і вони роблять все правильно. Ви знаєте, на чому вони спеціалізуються; ви знаєте, що у них добре виходить; і куди б ви не пішли в Х›юстоні, ви побачите рекламний щит з коровою, яка тримає табличку з написом: «Їжте Більше Курки». Ісус не був загадковим. Він сказав йти по всьому світу і проповідувати Євангеліє та навчати учнів: Легко йти за ним. Чому ми все ускладнюємо?

Чи Даєте Ви Людям Підстави для Очікування?

Немає нічого більш гнітючого, ніж відсутність перспективи. Даючи людям щось, на що можна з нетерпінням чекати, ми перетворюємо те, що колись було незабутнім, на те, що тепер є незабутнім. У Kidslife ми влаштовуємо «прем›єри» для всього, незалежно від того, наскільки воно велике чи маленьке.

Перетворення чогось у велику справу дає нашій команді привід для очікування. Наші зустрічі «великих мрій» також слугують цій меті, завжди висвітлюючи щось нове на наступний рік. Часто це може бути не нова ідея, а творче переосмислення.

Багато років тому ми розпочали програму під назвою «Клуб чемпіонів» для дітей з особливими потребами. Оскільки вона проводилася в кількох звичайних класах, мало хто в Лейквуді знав про неї. Ми хотіли вивести програму на новий рівень, тому переосмислили її з новою філософією розвитку розуму, тіла і душі. Ми додали кімнату фізичної терапії, сенсорну кімнату та кімнату духовної терапії. Після того, як ми представили служіння в новому форматі громаді, воно стало одним з наших найбільш впливових і впізнаваних служінь. Роблячи це різними способами, щороку ми спонукаємо наших людей говорити про те, що буде далі.

У книзі Авакума 2:2-3 сказано: «Напиши видіння ясно і на дошці, щоб за ним гнався той, хто читає. Тому що видіння ще на час і прийде до кінця, і не намарно. Якщо забариться, почекай його, бо воно неодмінно прийде і не затримається “. Іншими словами, підготуйте їх до того, що прийде. Дайте їм щось, на що можна з нетерпінням чекати. Не буває звичайних моментів. Бог завжди щось робить, показує або говорить. Допоможіть вашим людям вірити, дивитися і слухати з великим очікуванням.

Погляд з Окопів Вгору

Луїс Лопес
Член Команди Лейквуд

Ми з дружиною переїхали з Колумбії, Південна Америка, щоб працювати з пастором Крейгом. З самого початку він сказав нам завжди надихати людей і будувати команди. Коли ми почали підбадьорювати та надихати інших, щось почало відбуватися. Коли ми говорили їм: «Ти не просто волонтер, ти лідер», вони починали думати і діяти по-іншому.

Група людей, які були зневірені, тепер розповідають іншим про пригоди служіння в церкві. Взявши на себе відповідальність за служіння, вони набирають нових волонтерів і служать іншим один на один. Лише через два роки вони створили команду і сімейну атмосферу,

команда нашого іспанського служіння зросла з 60 осіб до команди з понад 300 відданих волонтерів.

Наша програма ніколи не буде важливішою за людей, тому ми докладаємо всіх зусиль, щоб відрізнити, що є нагальним, а що важливим. Жити нашою вірою вдома важливіше, ніж просто проповідувати; пастирювати людей, які у нас вже є, важливіше, ніж зосереджуватися лише на тому, як ми можемо їх набрати. Ми моделюємо лідерські навички, яких ми навчилися, і хоча ми знаємо, що у нас попереду ще довгий шлях, ми вже бачимо, як змінилися життя людей. Ми інвестуємо в нашу команду, не очікуючи, що вона нам віддячить. Проте, оскільки ми інвестували в них, ми отримали велике благословення. Коли ми стикаємося зі складними ситуаціями, наша команда, як сім›я, приходить нам на допомогу.

Цього року несподівано померла моя теща. Звичайно, коли моя дружина отримала дзвінок, її серце було розбите. Ми почали планувати поїздку до Колумбії, але, не маючи бюджету на квитки для всіх трьох, ми змогли відправити лише дружину до її родини. На наше здивування, через кілька днів після від›їзду моєї дружини зателефонувала пара з нашої команди і запропонувала оплатити поїздку всієї моєї родини до Колумбії на похорон. Це був величезний акт доброти і прямий результат того, як ми будуємо та інвестуємо в нашу команду. Коли ми повернулися з Колумбії, наша команда любила мою дружину як рідну. Наша команда тут, у церкві, стала нашою сім›єю, оскільки наша найближча родина знаходиться за багато миль від нас.

Ми почали підбадьорювати одну з наших вчителів першого класу (яка була настільки сором›язливою, що навряд чи розмовляла з іншими) щодо Божого покликання, яке є в її житті. Ми хотіли підтримати її та її віру і запропонували їй посаду волонтера в іспанському відділі «Діти з життям», що діє при «Kidslife». Я хотів побачити, чи зможе вона зробити крок вперед, і я був вражений, побачивши, як Бог діє. Сьогодні, після всього лише восьми місяців роботи в нашій іспанській програмі «TeenLife», вона є одним з наших найдинамічніших лідерів. У постійному спілкуванні з нашими підлітками та батьками вона відіграє величезну роль у тому, що наша програма «TeenLife» вийшла на новий рівень. Зараз ми навчаємо і тренуємо приблизно 100 підлітків щотижня.

Вертикальне лідерство може змінити ваше життя і допомогти вам перестати мислити розумом керівника і почати мислити Божим розумом. Коли ми залишаємося дисциплінованими і дотримуємося щоденної зустрічі з Богом, ми залишаємося на зв›язку з Ним і отримуємо вказівки, необхідні для того, щоб бути вертикальними лідерами.

ПРАКТИЧНІ ЗАВДАННЯ

1. Які ресторани / магазини ви відвідуєте регулярно, і чим обумовлена ваша прихильність?
2. Яким чином намагання відповідати чиїмось уявленням про успіх зробило вашу роботу менш захоплюючою?
3. Чи багато служінь/завдань знизили рівень самореалізації працівників вашої організації? Якщо так, то що б ви зробили, щоб негайно змінити цю ситуацію?
4. Чи відповідає ваше бачення організації баченням самої організації? Як це впливає на ваш рівень самореалізації та відданості справі?
5. Чи чітко передаються ваші слова та дії? Що ви можете зробити протягом наступного місяця, щоб донести чітке та послідовне повідомлення до своєї команди?
6. Чи піддаєтеся ви виміру? Разом зі своєю керівною командою розробіть кроки, які ви можете зробити, щоб виміряти та відсвяткувати свої успіхи.
7. Чи легко за вами йти? Обговоріть з деякими лідерами, яким ви довіряєте, чи легко за вами слідувати.
8. Чи даєте Ви людям те, чого вони чекають з нетерпінням?

Подумайте, як ви створюєте атмосферу очікування у своїй команді.

Примітка

1. Тім Хокінс, "Chick-fil-A," www.timhawkins.net/video.php (отримано в Липні 2009).
2. С. Труетт Кеті, Chick-fil-A корпоративна сторінка. http://www.chick-fil-a.com(отримано в Липні 2009).
3. In-N-Out корпоративна сторінка. http://www.in-n-out.com (отримано в Липні 2009).

14

Коли Команда Стає Сім›єю

Намагайтеся любити так глибоко, щоб від моменту, коли любов покидає глибини вашої душі і мандрує до моменту, коли ви скажете: «Я тебе кохаю», відстань, яку ви долаєте, зайняла б ціле життя.

Я читав блог жінки на ім›я доктор Дженіс, яка написала статтю під назвою «Сім›я - це команда» про члена сім›ї, який щойно помер. Ось що вона написала:

> Мій дядько Філ помер пізно ввечері в понеділок, і сьогодні був його похорон. Йому було близько 93 або 94 років, наскільки я можу підрахувати. Коли ми зібралися на кладовищі, це моторошно нагадувало віртуальну зустріч команди, яка зібралася разом, щоб поспілкуватися. Хтось бачиться з кимось часто, хтось - лише в обов›язкові моменти життєвих поворотів. А деякі залишаються в тіні і їх ніколи не видно. З одним з них ми трохи поспілкувалися. Ніхто не чув про нього роками, і, здається, ніхто не сумує за його присутністю. Ні, я думаю, це саме як команда. Ви не обираєте своїх родичів і, здебільшого, не обираєте свою команду. Ви працюєте з тим, що маєте, поважаєте один одного за те, ким вони є, і намагаєтеся зробити все можливе, щоб зробити те, що потрібно. Філ щодня ходив на роботу, продаючи шуби в Нью-Йорку, коли йому було далеко за дев›яносто. Після смерті Жанетт, моєї тітки, його супутниці життя, з якою він прожив понад 50 років, вік наздогнав його. Інфекція ноги нарешті не дозволила йому щодня їздити в метро з Форест-Гіллз. Саме тоді я зрозуміла, що у нас було більше спільного, ніж родинні зв›язки. Ми були підприємцями, що не збиралися складати руки. Але тепер він змирився з тим, що переїжджає

до доньки та її чоловіка. Вони взяли його до себе на роботу - у них невеликий магазин одягу, - але в команді немає місця для двох людей, які хочуть робити одну й ту саму справу. Особливо, коли у когось немає досвіду роботи в індустрії, а сили не вистачає.

Тому я дзвонила йому, коли була на вулиці у Філадельфії, йшла з дому до офісу або на зустріч, де тільки могла викроїти кілька хвилин. Ми говорили про бізнес, здебільшого про його, оскільки ми обоє знали, що він незабаром повернеться до нього, і ринкова інформація буде життєво важливою для його комерційного успіху. Мій внесок був обмежений, але оцінений: наприклад, це був перший день, коли було досить холодно, щоб люди носили хутро, що кушнір з Walnut Street показував у своїй вітрині, що говорили протестуючі проти хутра. Це був спосіб залишатися в грі-бути в команді.

Сьогодні ми відсвяткували його місце в нашій сімейній команді, чисельність якої стрімко зменшувалася. Серед скорботних був молодий чоловік, якого я не пригадувала. Але я впізнала його ім›я: це був багаторічний роботодавець Філа, компанія «Нойштадтер Фурс».[1]

Ви коли-небудь замислювалися, хто прийде на ваш похорон? Коли ви озираєтеся на своє життя, хто є справжнім членом сім›ї, а хто - віртуальною родиною? Деякі члени сім›ї доктора Дженіс не мали реального зв›язку один з одним, а Філ, можливо, був ближчим до свого роботодавця, ніж до власної сім›ї. Чи потрібно бути кровним родичем, щоб бути сім›єю? У мене є близькі друзі, з якими я працюю, які ближчі за родичів, яких я не бачив роками, але не тому, що в наших стосунках сталося щось погане, а через відстань.

Нещодавно у віці 95 років померла моя бабуся Джонсон. Бабуся Джонсон була сильною, завзятою жінкою, яка втратила чоловіка, коли її сини були ще маленькими. Вона працювала медсестрою цілими днями, а іноді й до вечора, щоб забезпечити свою сім›ю. Проте, незважаючи на те, що сім›я була її життям, на її похороні був лише я. Вона пережила своїх братів і сестер, деякі члени сім›ї не змогли бути присутніми через обставини, а деякі втратили з нею зв›язок з роками і, можливо, навіть не знали про її смерть.

Стоячи перед її труною з двома похоронними службовцями, я провів службу, на якій нікого не було. Сум охопив мене, коли я вшановував свою бабусю і говорив їй, як сильно я її любив. Відходячи від її труни, я тихо попросив Бога: «Будь ласка, не дай мені бути єдиним, до кого звернеться священик на моєму похороні. Нехай там буде не тільки моя найближча родина, але й моя велика родина з місць, де я працював, друзі, яких я зустрів, люди, які торкнулися мого життя, а також ті, на чиє життя я мав привілей вплинути». На похороні я почав усвідомлювати, наскільки важливі стосунки. Ваше життя не буде відзначене

грошима, які ви заробляєте, або тим, що ви накопичуєте. Ваше життя буде визначатися тими стосунками, які ви побудували.

У Вас Може Бути Віртуальна Сім›я або Реальна Сім›я

Ви коли-небудь грали у гру віртуальної реальності на кшталт «Sims»? Створена ігровим дизайнером Віллом Райтом, Sims - це віртуальний світ, який дозволяє взаємодіяти, контролювати і певною мірою емоційно пов›язувати себе зі створеною комп›ютером «сім›єю». З сім›єю Sims легше мати справу, ніж з реальною; тут не потрібно нічим жертвувати, а коли ви втомилися, ви можете просто відключити її або змінити налаштування. На жаль, я бачу команди, які живуть так у реальному світі. Вони працюють разом, але не знають один одного. Вони виконують свою роботу, тримаючи двері своїх офісів зачиненими, поки не настане час йти на обід. Я бачив команди волонтерів, які приходять, відсиджують свої дві години, а потім вилітають за двері, майже не спілкуючись, окрім невеликих розмов. Коли таке трапляється, волонтери відчувають, що вони виконують роботу, а не є цінною частиною команди. Керівники, які не мають емоційного зв›язку зі своєю командою, відсторонюються від них або вимикають їх, коли їм заманеться. Вони кажуть: «Нічого особистого, це лише бізнес», що є ще одним способом сказати: «Мене менше хвилюють наші стосунки, ніж виконання роботи». Самі того не усвідомлюючи, легко керувати так, що ваша команда стає більше віртуальною родиною, ніж справжньою сім›єю.

Один із найекстравагантніших фільмів Стівена Спілберґа

«Штучний інтелект» розповідає історію Девіда, дитячого андроїда двадцять другого століття, запрограмованого на здатність любити. Глобальне потепління призвело до різкого скорочення людської популяції, і у відповідь на це були створені нові людиноподібні роботи, названі «мехами», які здатні імітувати людські думки та емоції. Просунута модель на ім›я Девід була створена, щоб нагадувати людську дитину і віртуально «відчувати» любов до своїх господарів-людей. Девід був протестований на парі Моніки та Генрі Свінтона, чий власний син перебував у стані анабіозу, доки не було знайдено ліків від його рідкісної хвороби. Моніка почала тепліше ставитися до Девіда після активації протоколу імпринтингу, що призвело до незворотного зв›язку Девіда з нею, як дитина з матір›ю чи батьком. Девід також подружився з Тедді, роботом-ведмедиком, який бере на себе відповідальність за добробут Девіда.

Разом Тедді і Девід вирушають на пошуки Блакитної Феї, яку Девід пам›ятає з казки про Піноккіо.

Він сподівається, що перетвориться на справжнього хлопчика, так що Моніка буде любити його так, як любила свого сина. Виявивши, що Блакитна фея - всього лише статуя, збентежений Девід намагається накласти на себе руки, впавши з уступу в океан.

Дві тисячі років потому Мангеттен похований під кількома сотнями футів льодовикового льоду, а люди вимерли. Меха знаходять Девіда і Тедді, єдиних двох функціональних роботів, які знали живих людей. Використовуючи спогади Девіда, вони реконструюють будинок Свінтонів і пояснюють йому, що він не може стати людиною. Однак вони можуть відтворити Моніку з пасма її волосся, яке вірно врятував Тедді, але вона проживе лише один день. Девід проводить найщасливіший день свого життя, граючись з Монікою, а коли вона засинає, Моніка каже Девіду, що любить його і завжди любила. Після цієї «вічної миті», яку Девід шукав, він закрив очі, помер і відправився в «те місце, де народжуються мрії».

Хоча я хотів, я ніколи не міг проникнутися цією історією. Заміна реальної дитини роботом була тривожною. У фільмі я бачив, як усі члени сім›ї намагаються взаємодіяти, але це ніколи не мало сенсу. Чому? Ви не можете перенести справжні емоції у фальшиве середовище.

Справжня, здорова сім›я - це більше, ніж просто спільне проживання, це - спільне життя. Справжні сім›ї потребують підтримки, терпіння та якісного часу. Коли їхні потреби задоволені, вони піднімаються на вищий рівень. Справжні сім›ї підтримують один одного як у роботі, так і в особистому житті. Якщо у мене виникають проблеми на роботі чи в особистому житті, я можу поговорити з дружиною чи мамою, бо знаю, що моя сім›я мене підтримає. Чому ми не можемо створити середовище для наших команд, яке дозволяє відверто говорити про проблеми та демонструвати дивовижну підзвітність?

Справжня, здорова сім›я підтримує один одного і ніколи не дозволяє конкуренції розбити сім›ю. Справжні батьки хочуть допомогти своїм синам зробити більше, ніж зробили вони самі. Хіба ми не бачимо, що в наших командах є «сини і доньки», які там не для того, щоб ними керували, а для того, щоб їх наставляли? Коли ви підбадьорюєте їх і допомагаєте їм робити більше, ніж могли б зробити ви, ви побудуєте сімейний зв›язок, який буде непорушним.

Справжні, здорові сім›ї дисциплінують в любові, щоб допомогти дітям рости, а не руйнувати їх. Діти повинні вчитися на своїх помилках, щоб не повторювати їх. Те ж саме може статися і з нашими командами. Нам потрібно говорити правду в любові до наших команд, щоб ми могли формувати людей, як гончар формує глину. Гончар буде керувати глиною своїми руками, поки вона не сформується в прекрасний витвір мистецтва. В Ісаї 64:8 сказано: " І тепер, Господи, Ти — наш Отець, а ми всі — глина, діло Твоїх рук!"

У здоровій сім›ї члени родини готові віддати своє життя, цілі та бажання заради один одного. Коли ваша команда відчує, що ви готові покласти все, щоб їх можна було підбадьорити і підняти, ви отримаєте величезні зміни в організації.Я б віддав життя за своїх дітей. Я вірю, не вагаючись, що віддам життя за своїх друзів і родину. Любов полягає в самопожертві. В Івана 15:13 сказано: «Більшої любові ніхто не має за ту, коли хто душу свою кладе за друзів своїх". Чи віддали б ви своє життя заради своєї команди? Ми говоримо про глибину, на яку більшість команд ніколи не заходить. Саме там команда стає сім'єю. Чи пожертвував би я заради своєї команди, щоб вона могла піднятися вище, або відмовився б від чогось важливого для мене, щоб хтось у моїй команді міг піднятися вище? Відповідь - так. Ми прожили життя разом, вони знають мене, а я знаю їх. Вони знають, що я буду там для них, а вони будуть там для мене, тому що ми прожили це життя.

Коли вдарив ураган Айк, наші співробітники були розкидані по всьому Х›юстону. Ми використовували рації та мобільні телефони, щоб дзвонити нашим співробітникам кожні дві-чотири години, щоб переконатися, що з ними все гаразд. Співробітники відкрили свої домівки для інших співробітників. Якщо ми не могли зв›язатися з членом команди по телефону, ми відправляли члена команди, який жив неподалік, щоб перевірити, як він там. Буревій завдав великої шкоди будинкам деяких членів команди - зірвало дахи, затопило і відключило електрику, це тривало два тижні. Ми відправили команди, щоб відкачати воду з будинків наших членів команди і привезти їжу та лід. Ми відновлювали паркани, розчищали подвір›я та під›їзні шляхи. Чому ми все це робили? Тому що ми були не просто командою, ми були сім›єю. Тепер члени нашої команди абсолютно по-іншому бачать один одного!

Вірність зростає, коли ви стаєте сім›єю. Пристрасть зростає, коли ви стаєте сім›єю. Смирення зростає, коли ви стаєте сім›єю. Довіра зростає, коли ви стаєте сім›єю. Любов один до одного зростає, коли команда стає сім›єю. Для того, щоб команда стала сім›єю, віра є необхідною, єдність є ключовим фактором, жертовність є фундаментальною, смирення є невід›ємним, а любов є каталізатором.

Ваша Жертва Стане Їхнім Надбанням

Неможливо повернути вкладення без жертв. Ваша команда - це ваш найбільший актив. Те, яку віддачу ви отримаєте, залежить від того, як і скільки ви інвестуєте у свою команду. Кількість не завжди означає якість.

Те, чим нам потрібно пожертвувати, буде різним у кожній ситуації. Бог може випробовувати нас, щоб побачити, від чого ми готові відмовитися, щоб Він міг нас наповнити. Те, що ви віддаєте, створює простір для того, що Бог хоче влити в нас. Чим більше ви віддаєте, тим менше багажу ви несете, рухаючись вперед. В Івана 3:16 сказано: «Так бо Бог полюбив світ, що віддав Сина Свого Єдинородного, щоб кожен, хто вірує в Нього, не загинув, але мав життя вічне». Його жертва стала нашою спадщиною.

Якщо ви як лідер хочете, щоб люди йшли за вами, довіряли вам, вірили в вас і приймали вас, це буде випливати з того, як ви їм віддаєте. Чим глибше ви любите когось, тим більше ви хочете віддавати. Якщо ви не любите свою команду, є велика ймовірність, що і ви їм не подобатиметеся. Якщо ви любите свою команду, як батьки люблять своїх дітей, ви будете вкладати в неї стільки, скільки не вклали б, якби вони вам просто подобалися. Ми знаємо, що наші лідери піклуються про нас не лише по тому, що вони нам говорять, але й по тому, як вони в нас інвестують.

Найбільший Дар

Я неохоче розповідаю цю історію, бо знаю, що Джоел і Вікторія воліли б тримати її в таємниці. Остіни є тими, хто вони є і де вони є, завдяки тому, що інші ніколи не бачать. Коли Бог промовляє до них, вони жертвують тим, що мають, щоб інвестувати в інших. Вони завжди віддають все найкраще. Моя дружина Сем і я щойно отримали звістку про те, що наш син Коннор страждає на аутизм і потребує допомоги в розвитку. Ми почали вивчати, що потрібно для того, щоб надати йому найкращу медичну, харчову та реабілітаційну допомогу, яку ми могли б надати. Хоча я отримую хорошу зарплату, його потреби виходили за рамки того, що ми могли собі дозволити з іншими сімейними зобов›язаннями. Деякі з рекомендованих методів лікування були астрономічно дорогими. Моя дружина чекала, поки я повернуся додому, а потім передавала мені папери з прогнозованими витратами.

Я заспокоїв її, сказавши, що ми зробимо все, що потрібно, навіть якщо це означатиме продаж будинку або наших машин.

Однак щовечора я чув, як Сем нагорі плаче біля ліжка Коннора після того, як вона вклала його спати, і просить: «Будь ласка, Боже, допоможи нашому синові, щоб нам не довелося продавати наш дім». Вона не знала, що я слухаю, але я чув кожне її слово через радіоняню в нашій спальні. Я піднімався сходами і заглядав у кімнату Коннора, а там була Сем, яка сиділа біля його ліжка і молилася до свого Отця Бога.

Я розповів найближчим родичам, але мало кому іншому. Це був тиждень літнього.

табору,і я готувався йти до церкви, щоб відправити дітей і команду в табір. Але спочатку мені потрібно було знайти номер телефону нашого ріелтора, щоб повідомити йому, що нам потрібно продати будинок. Як не дивно, я не зміг знайти номер телефону, і мені довелося йти до церкви без нього. Поки ми збирали дітей, мені зателефонував наш бізнес-адміністратор і запитав, як у мене справи. Поцікавившись, як у мене справи, він запитав про Коннора, що мене дуже здивувало, оскільки я думав, що він дзвонить, щоб обговорити мій бюджет. Я ніколи не забуду, що він сказав далі.»Привіт, Крейгу, я щойно говорив з Джоелом, і ми не хочемо, щоб ти турбувався про навчання Коннора чи медичні рахунки. Ми хочемо, щоб Коннор отримав найкращу освіту та медичну допомогу, тому Джоел просив передати тобі, що ми про це подбали». Сльози почали котитися по моїх щоках, коли я подумав про мою дружину, яка сиділа поруч з Коннором щовечора і просила Бога про диво. Я дякував Кевіну знову і знову, плачучи по телефону, коли зрозумів, що Бог щойно проявився.

Коли я покликав Сем, вона почала плакати, повторюючи: «Дякую, Ісусе», знову і знову. Що за люди так роблять? Хто дозволяє Богові використовувати себе до такої міри? Не працівники, не начальники, а саме сім›я. Звичайні команди ніколи не зробили б такого великого дару, який би назавжди змінив чиєсь життя, але Джоел і Вікторія Остін, доктор Пол і Дженніфер Остін, Кевін і Ліза Комес, Маркос і Маріам Вітт - це не просто люди з керівної команди Лейквуда, вони - моя сім›я. Вони - моя родина.

Поза моїми стосунками з Ісусом Христом і даром моєї дружини, дітей і сім›ї, це єдиний найбільший дар, який ми отримали в нашому житті. Заради нашої сім›ї в Лейквуді я готовий піти на край світу. Я б зайшов у палаючу будівлю, щоб врятувати будь-кого з них, тому що вони допомогли врятувати нас. Вони не мусили цього робити. Це не було їхнім обов›язком. Але це те, що відбувається, коли команда стає сім›єю. Сім›я стає подарунком. Справа не в розмірі подарунка, а у відповіді того, хто дарує.

Як це впливає на людей, коли вони знають, що вони не просто члени команди, а сім›я? Вони підуть на край світу за вас як за лідера. Вони будуть підбадьорювати вас на кожному кроці; вони будуть поруч з вами, коли інші відійдуть.

Вертикальне лідерство - це про вклад в людей, а не речей. Коли ви помрете, ніщо з того, чим ви володіли, не матиме значення, але все, що ви коли-небудь робили, матиме значення. Я помітив, що коли мене переповнює Божа любов, то зазвичай це відбувається тоді, коли я щойно віддав Його любов комусь іншому. Коли я даю мало, Він дає мені багато. Коли ти стаєш вертикальним лідером, а твоя команда стає сім›єю, це новий день. Те, що приніс попередній день, не може зрівнятися з тим, що принесе цей день. Прийміть його; вірте, що сьогодні незвичайний день. Буде день, коли ви зможете йти до заходу сонця, якщо дозволите Божому світлу світити на дорозі, що веде до нього.

Ваші найкращі дні ще попереду. Продовжуйте мріяти про велике!

ПОГЛЯД З ОКОПІВ ВГОРУ

Кендіс Девіс
Член команди Лейквуд

Я виросла в маленькій церкві в Індіані й служу в дитячому служінні з 11 років. Коли робота мого чоловіка перевела нас до Техасу, і ми почали відвідувати Лейквуд, я точно не збиралася брати участь у дитячому служінні. Я перегоріла, і тому ми з чоловіком разом записалися на заняття по шлюбу. І саме там ми зустріли пастора Крейга Джонсона. З якоїсь дивної причини після уроку він підійшов до мене і сказав, що хоче поговорити зі мною про служіння дітям. Я ввічливо погодилася, але вже знала, що не збираюся з ним контактуватись далі. Я покінчила зі служінням дітям.

Наступного тижня було оголошено, що пастор Крейг і його дружина більше не будуть у нашому шлюбному класі. Про мене забули! Проте через чотири місяці мій чоловік пішов відвезти наших дітей на дитяче служіння, поки я чекала його в приміщенні церкви. Він повернувся і сказав, що бачив пастора Крейга, який сказав, що все ще хоче зі мною поговорити. Ми зустрічалися з ним лише один раз. Я знала, що це Бог. Коли пастор Крейг наздогнав мене пізніше, він сказав мені, що має для мене проект у дитячому служінні. Я стала волонтером-помічником директора Extreme Kids, і пастор Крейг почав входити в моє життя як лідер. Я навчилася викладати бачення, набирати персонал, створювати команди та спостерігати за розкриттям бачення. Через кілька місяців я залишила роботу вчителя, щоб працювати в церкві.

Іноді, коли я чую ідеї пастора Крейга, я думаю: мати рідна, звідки він це взяв? Він постійно закликає свою команду йти вище і мріяти про більше. Кілька років тому Крейг хотів запустити програму для молодших лідерів. Я відчула спонукання допомогти і сказала пастору Крейгу, що буду допомагати тому, хто буде керувати. Коли відповідальна жінка звільнилася, він зателефонував мені, щоб запитати, чи візьму Я керівництво цілою програмою. Я була в жаху. Я не була готова. Я не хотіла-не тому, що не хотів, а тому, що мені не вистачало впевненості в собі. Крейг підбадьорив мене, допоміг зрозуміти, що я можу це зробити, і провів мене через весь процес, і ми продовжили наш шлях.

Після кількох місяців планування настав час для свята з нагоди відкриття. Давайте просто скажемо, що все пройшло не так добре, як я планувала. Того вечора я засвоїв ще один урок. Пастор Крейг залишався позитивним, незважаючи на всі негативні моменти. Він увірвався в моє життя і сказав: «Це буде більше, ніж ти можеш мріяти — так мрій про більше». Це залишилося зі мною надовго.

Як лідери, ми завжди повинні бути позитивними і мріяти про більше. Пізніше, коли у нас була зустріч з підведення підсумків, він поділився зі мною деякими речами, які ми, безумовно, могли б покращити. Це теж був засвоєний урок. При роботі з вашою командою час і результат - це головне.

Пастор Крейг справді любить свою команду як сім›ю. Він довів мені це багатьма способами, але є два, які дійсно виділяються. Один стався під час урагану Айк. Будучи з Середнього Заходу, для нас урагани були чимось новим. Нас усіх відправили додому, щоб почати готуватися до майбутнього урагану. Під час урагану пастор Крейг дійсно проявив себе як лідер. Він дзвонив нам кілька разів, щоб перевірити, як ми всі. Він організував групи для відвідування кількох працівників, щоб переконатися, що з ними все в порядку. Він ставився до всіх нас так, ніби ми були його родиною, ведучи нас у цей час, як веде Ісус. Він піклувався про своїх людей, як Ісус піклувався про своїх овець.

Нещодавно у мене були серйозні сімейні проблеми, і Крейг дзвонив мені щодня протягом двох тижнів. Його слова підтримки та його любов протягом цього часу говорили мені багато про що.

Йому не потрібно було витрачати час на дзвінок, щоб дізнатися, як у мене справи. За цей час пастор Крейг був для мене більше, ніж лідером; він був взірцем для наслідування, другом і батьком.

ПРАКТИЧНІ ЗАВДАННЯ

1. Які думки вам приходять, коли ви читаєте: «Ваше життя буде позначено відносинами, які ви побудуєте»?
2. Які переваги отримала б ваша команда, якби вони розглядали побудову відносин один з одним як основну цінність успіху?
3. Що заважає більшості лідерів створювати середовище для своїх команд, щоб вести сміливий діалог та забезпечувати надзвичайну підзвітність?
4. З характеристик справжньої, здорової сім›ї, описаних у цій главі, якими володіє ваша команда, А яких характеристик їм не вистачає?
5. Який вплив матиме самопожертва один для одного на розвиток вашої команди як сім›ї?
6. Чи знає ваша команда, що вони вам подобаються? Любіть їх? Що ви можете зробити, щоб продемонструвати свою відданість своїй команді?
7. Розробіть план розвитку сімейного затишку у вашій команді. Реалізуйте свій план протягом наступних шести місяців і зафіксуйте, як розвивається ваша організація.

Примітка

1. Доктор Дженіс Прессер", запитайте доктора Дженіс 2009." http://www.drjanice.wordpress.com(дата звернення липень 2009 року).

Made in the USA
Middletown, DE
28 February 2025

71960054R00105